昭和十八（一九四三）　ガダルカナル島奪取される　学徒出陣はじまる　伊が無条件降伏、カイロ会談

昭和十九（一九四四）　特攻隊出撃はじまる　学童疎開はじまる　ノルマンディー上陸作戦

昭和二十（一九四五）　原爆投下、ポツダム宣言受諾　天皇の戦争終結ラジオ放送　ヤルタ会談、独が降伏

太平洋戦争終戦

戦後

昭和二十（一九四五）　GHQの占領政策はじまる　闇市が各地に登場　国際連合成立

昭和二十一（一九四六）　日本国憲法公布　ソ連、中国からの引揚者ぞくぞく　チャーチル「鉄のカーテン」演説

昭和二十三（一九四八）　東京裁判判決　イスラエル建国

昭和二十五（一九五〇）　レッドパージはじま　朝鮮戦争はじまる

昭和二十六（一九五一）　日米安全保障条約調　需景気　サンフランシスコ講和会議

昭和二十九（一九五四）　被災した第五福竜丸　『ゴジラ』公開

昭和三十一（一九五六）　憲法調査会発足、国際　はや戦後ではない」　日ソ国交回復

昭和三十五（一九六〇）　新安保条約の強行採決　闘争

昭和三十九（一九六四）　東京オリンピック開催　東海道新幹線開業　日本がOECD加盟

昭和四十七（一九七二）　沖縄県本土復帰　日中国交回復

…　…　…

シリーズ「半藤先生の『昭和史』で学ぶ非戦と平和」は、二〇二一年に亡くなられた半藤一利さんの昭和史に関する四冊の著書『昭和史 1926-1945』『昭和史 戦後篇 1945-1989』『B面昭和史 1926-1945』『世界史のなかの昭和史』をそれぞれ二分冊にして全八巻にまとめ直し、若い読者にも読みやすく再編集したものです。小学五年生以上で学習する漢字にはふりがなをふり、各章冒頭にポイントとキーワードをまとめ、巻末には新たに解説を加えました。歴史学習に役立つよう巻末に索引も加えています。

本書『世界史のなかの日本 1926-1945 下』は、平凡社ライブラリー『世界史のなかの昭和史』（二〇二〇年、平凡社）を底本に再編集しました。

半藤先生の「昭和史」で学ぶ非戦と平和

世界史のなかの日本 1926~1945〈下〉目次

第五話 「複雑怪奇」と世界大戦勃発 5

第六話 昭和史が世界史の主役に躍りでたとき 57

第七話 「ニイタカヤマノボレ」への道 123

エピローグ 「ソ連仲介」と「ベルリン拝見」 223

あとがき 246

解説 251

関連年表 273

参考文献 280

索引 289

半藤先生の「昭和史」で学ぶ非戦と平和

世界史のなかの日本 1926~1945〔上〕 目次

プロローグ　歴史の皮肉と大いなる夢想　5

第一話　摂政裕仁親王の五年間　11

第二話　満洲事変を中心にして　43

第三話　日独防共協定そして盧溝橋事件　97

第四話　二つの「隔離」すべき国　155

解説　225

関連年表　251

参考文献　258

索引　269

第五話

「複雑怪奇」と世界大戦勃発

昭和十四年

この章の

ポイント

ヒトラーからの日独伊三国同盟の提案に対し、日本国内は推進派の陸軍と反対派の海軍で意見が分かれます。一九三九（昭和十四）年、ヨーロッパではドイツがチェコの首都プラハに進駐。片やアジアでは、日本がノモンハン事件を起こしたことに端を発し、アメリカが日米通商航海条約の廃棄を通告、国内の反米感情がつのっていきました。やがて機を見たスターリンが日本に総攻撃をしかけ、同時期にヒトラーと独ソ不可侵条約を結び世界を驚かせます。この直後、ドイツがポーランドに侵攻し、第二次世界大戦がはじまってしまうのです。

キーワード

防共協定強化／プラハ進駐／ソ連と英仏の「相互安全保障」／天津事件／ニューヨーク万国博覧会／ノモンハン事件／日米通商航海条約の廃棄／独ソ不可侵条約／第二次世界大戦

◆頑強に抵抗する海軍

漢口を攻略したものの、兵站はのびきって戦勢は停滞し、進むも退くもならず、中国戦線はドロ沼の様相を呈しはじめる。首相近衛は「日本の戦争目的は東亜永遠の安全を獲得しうる新秩序の建設にある」と大いに謳いあげたが、対米英交渉といい、日中戦争の目途といい、ドイツからもちかけられ新たに外交懸案となった日独軍事同盟といい、さまざまな難問解決の困難さにすっかり嫌気がさしてしまいました。

やることなすことイスカの嘴の食い違い、傷口をひろげるばかりとなって、近衛は無責任にも内閣を放りだしてしまいます。そのあとをうけて、昭和十四年（一九三九）一月五日に組閣を完了したのが右翼団体「国本社」の総裁平沼騏一郎。さっそく組閣後の第一声として、「総親和・総努力という言葉を国民に贈りたい」といいました。近衛の東亜新秩序の大風呂敷とはやや違って、各方面において相剋対立をやめ仲好くすべし、そして日中戦争を遂行すべく国民一丸となり、総動員体制の下で精一杯の努力をつくすべし、というごく当たり前のことであったのです。

ところが、じつはそうは簡単に問屋がおろしませんでした。防共協定から日独伊三国同盟への拡大強化が、平沼内閣にとっても日中戦争の処理と同じ重さをもってドーンと頭の上に乗っているのです。「防共協定強化」とは日本側で名づけた呼び方で、じつはドイツ側ではその対象をソ連のみにかぎらず、イギリスやフランスにも拡大することを望んでいたのです。

それというのも、当時のドイツは、英仏ソを牽制し、ポーランドを孤立化させてそこに侵攻すべく、そのためには日本との間に軍事同盟を結ぼうと考えていたからです。これがうまくいけば、英仏ソはヨーロッパのみならず、アキレス腱ともいえるアジアのそれぞれの植民地にたいする日本の脅威にも眼を向けねばならず、ポーランド侵攻に介入してくる可能性は低くなるであろう。ドイツの外交攻勢の意図はそこにありました。

ちょっと時点を前に戻しますが、コトの起こりは十三年初夏のころのドイツからの急速な接近でしたが、ソ連軍の脅威がつねに念頭にある陸軍中央部（陸軍省と参謀本部）はむろん望むところであったので、この画策に簡単に乗ってきました。ドイツと同盟を結ぶことで、ぐんぐん強大化しつつあるドイツの軍事力をもってソ連を背後から強く牽制することができる。これによって北からの攻撃の心配なしに、中国にたいして全兵力を行使することが可能になる。また、そうした勢いを誇示することによって蔣介石をして日本の思うとおりの和平に否応なしに応じさせることができる、というものでした。

そうです、これはすでに『ノモンハンの夏』でかいたことですが、十三年の四月に行われたイタリア首相ムッソリーニとドイツ空軍の元帥ゲーリングとの会談内容が、ドイツの意図が明瞭に示されていてわかりやすいと思います。それでくり返しを承知でかくと、ゲーリングがこういったというのです。

「もし日本がどうしてもヨーロッパ戦争に参加するのが嫌だというなら、それでも構わないではないか。名目だけでもいいのだ。日独伊三国の軍事同盟を世界に発表することで、日本の強力な海軍力で十分に英仏を牽制し威嚇できる」

そのためにも、ソ連だけを対象とする協定では意味がない。ドイツは、結ぶなら英仏をも対象とする全面的な軍事同盟でなければならないと、この点にかんするかぎり一歩も譲ろうとはしないのです。

日本陸軍は、何度かの中央部の課長会議での討議をへて、それは当然のこととして意思統一し、ドイツ案をのむことに賛成しました。これを反映して政界の一部、そして右翼団体も三国同盟案を支持し、外務省部内にも陸軍にエールを送る親ドイツのグループが次第に勢力をまし、いまや三国同盟への回路は大きくひらかれたように思われました。

そこに「待った」と大手をひろげたのが、すでにかいたように、海軍でした。首相、外相、蔵相と陸海両相の討議する五相会議で、米内光政海相が猛反対をいいつづけるのです。十三年八月から何度も会議がひらかれたのですが、紛糾は深まるばかりで、ついには十二月初旬で決裂してしまった。以後は会議をひらくことも困難となってしまっていたのです。

そうした経緯がありましたから、平沼内閣がスタートすると待っていたかのようにすぐの一月六日、ドイツ外相リッベントロップから日独伊三国同盟案がいよいよ正式に提案されてきたのです。もう尻に火がついたようにあたふたと、新内閣は五相会議を再開しなければなりませ

ヒトラー内閣の外相リッベントロップ

んでした。が、問題の海軍は、海相が米内光政大将、次官山本五十六中将、軍務局長井上成美少将と、この頑強なトリオが、近衛内閣のときと変わらずそのままですから、首相が交代しようとぜんぜん態度を変えません。

それでも彼らはやみくもに反対するだけではなく、妥協しうるかぎりは妥協しました。一月十九日の五相会議で、米内が言明します。同盟はあくまでソ連を主たる対象とすること、状況により英仏等をも対象とすることもある。かりにその場合でも、軍事的な武力援助は、英仏等を対象とするときは「援助を行うや否やは、それは状況による」。つまり自動的にあらず、決定権はあくまでも日本側にある。これが譲り得る最大限の条件である、と。

簡単にいえば、ドイツがソ連と戦争をはじめた場合には、日本は武力援助をきっと約束する。しかし、ドイツが英仏と戦端をひらいたとき、日本は武力発動するかもしれないし、しないで静観するのみかもしれない、どうするかは、そのときの状況次第で決める、ということです。こんな曖昧模糊とした、自分本位の、煮えきらない軍事同盟をドイツが承知しないことは、はじめから明らかです。が、米内も山本も、不本意ながらここまで妥協したとの思いなのです。
山本五十六がのちに、このときの自分の判断について、こう語っています。

「世界新秩序を新たに形成することを目標とするヒトラーのドイツと与するのは、必然的に米英中心に成立しているこれまでの秩序を打倒せんとする戦争にまきこまれることであり、日本の海軍軍備とくに航空軍備の現状をもってしては、対米英戦争には勝算はまったくない。それで自動的参戦などとんでもない、ということであった」

海軍トップの考えは、この山本の発言に収斂されるといっていいでしょう。ヒトラーに引きずられて、日本は英仏はおろかアメリカとの大戦争にまきこまれる。三国同盟は世界戦争への恐怖と抱き合わせである、それはご免こうむる、それが海軍の考えであったのです。

「世界史のなかの昭和史」と銘打ちながら、少々長々と国内の昭和史にのっけから打ちこみすぎました。しかし、もう少しつづけねばなりません。もう一つの大難問の日中戦争の処理についてです。

◆スターリンの関心と関東軍

大本営報道部の指導のもとに報じられている新聞紙上での戦局発表では、昭和十三年はまことに順調そのもの。南京（十二年十二月）にはじまって、徐州（五月）、広東（十月）、漢口（十月）と、つぎつぎに中国の主要都市を攻略。「土も草木も火と燃える／果てなき曠野踏み分けて／進む日の丸鉄兜……」と軍歌の文句そのままに、日本軍は中国大陸の奥へ奥へと進撃していきました。そのかがやかしい戦果を、日本本土では国民が昼は旗行列、夜は提灯行列をくり返すことで慶祝します。

しかし事実は、戦争継続の現況を仔細にみれば、悪化の一途をたどるばかりの戦勢であったのです。それゆえに「昭和十四年度帝国陸軍作戦計画」は前年末までに策定できず、その年度に入った昭和十四年二月二十七日にやっと全軍に示達するといった有様でした。いわば八方塞がり。形だけはたしかに連戦連勝ですが、漢口攻略をもって日本軍の積極的攻勢は終末点に達して、続行の強大な戦力は失われていたのです。

中国の広漠たる大地のここかしこに、二十四個師団以上（五十万人余）の兵力を吸収されて、対ソ戦に備えて満洲・朝鮮に十一個師団をおくと手持ちの動員可能な兵力は皆無に近い。兵器生産に代表される国力も、とうに限界を超えていました。見かけの戦力は国民総動員法にもとづく軍需動員でハッパをかけていますから増加しているものの、基礎となるべき全国力は前年が頂点で、十四年度からは下り坂になっていたのです。

そればかりではありません。満蒙の、東・北・西におよぶ四百キロメートルの長大なソ連との国境線での、ソ連軍の脅威は深刻化していました。十三年度における国境線での小競り合いの数は百六十六とふえている。[*1] また、十四年の春には、日本軍十個師団弱にたいしてソ連軍はじつに三十個師団。日本軍の戦車二百輛、ソ連軍二千二百輛、飛行機も五百六十機対二千五百機。中国大陸で戦いをつづけながら、満蒙ではこの劣弱な状況で、もしソ連軍が進攻してきたらという脅威は、参謀本部の作戦課の参謀たちの背筋をつねに凍らせていました。

ところが、当のソ連は、というよりもスターリンは、ということになると、じつはアジア方面の情勢になどまったくといっていいほど注意を向けていなかったのです。満洲侵攻など露ほども考えていませんでした。昭和七年末に第一次五カ年計画が完了するとただちに第二次五カ年計画を実施、極東ソ連軍の強力化に力をいれました。飛行機や戦車を中心にした兵力増強のみならず、国境線でのトーチカ陣地の構築にも主点をおき、トーチカは二列、三列と築かれ、塹壕も四通八達と野戦陣地を加えて、ほれぼれとするような縦深陣地が国境線にはでき上がっています。シベリア鉄道の輸送力も改善され、ソ満国境への兵力の集結に大車輪の働きをしはじめていました。日本軍は中国軍を敵として兵力を集中しているし、アジア方面はともあれ安泰と考えています。

それより問題は、スターリンにとってはヨーロッパの列強の動きなのです。ナチス・ドイツがチェコの一部を併合したときの英仏のミュンヘン協定によって、彼にはこれら〝帝国主義国家〟のあいだには、ファシスト国家であろうと民主主義国家であろうと、基本的には違いはない、との見方がいっそう強められています。とにかくヨーロッパ列強間の敵対抗争の局外にあって、これを利用することがいまのソ連にとっては国益のために最良の手段である、との確信を強めていたのです。

三月の第十八回党大会で、スターリンはこの考えをはっきりと明言しました。
「用心を怠らないことだ。そして、他人になんとか火中の栗を拾わせることを最良の手段としている戦争挑発者ども〔英仏〕が、わが国を紛争の渦中に引きずりこむのを許してはならないのである」

そしていまになると、多くの史書は、この演説はスターリンが英仏に背を向けて、ドイツに身を寄せることを暗に表明したものとしていますが、さて、どんなものでしょうか。スターリンのヒトラーへの接近はもう少しあとのことであると思うのですが、いずれにしてもソ連のこのころの関心が日本よりもヨーロッパ列強に向けられていたことは確かでした。

当時、そこまでは読みきっていない日本陸軍は、三月の人事異動で、関東軍の第一課（作戦）に寺田雅雄大佐、服部卓四郎中佐、島貫武治少佐を赴任させ、それに着任すでに一年半に近い辻政信少佐と、陸大優等卒の俊秀をずらりと並べているのです。参謀本部の戦略は「対ソ西正面作戦」、すなわちハイラルを起点として、ホロンバイル方面から一挙にバイカル湖方面に向かって決戦を求める作戦ですが、それがはたして可能かどうかを十分に研究してもらおう、ということにあったのです。

ただし、念のためにいいますが、あくまで現地で研究するための人事で、積極的な攻勢など夢にも考えてはいませんでした。が、現地の参謀たちは、そうは中央の思惑どおりに考えていません。なかんずく辻参謀です。中国大陸での連戦連勝を横目にしながら、最強を誇る関東軍が国境のいざこざ解決だけで東奔西走していることにもう我慢の限界がきていました。国家全体の国力のことなど考慮の外において、その信念とする「〝寄らば斬るぞ〟の侵すべからざる威厳を示すことで、まさに北辺の静謐は保持し得るのだ」と声を荒らげています。そして、その断乎たる威厳実現の、すなわち強烈な一発をかませるチャンス到来を待っていたのです。

国際情勢の動向や国力の限界を無視した、この軍人特有の功名心と名誉心とが何をもたらしたか。『昭和史』でもふれ、『ノモンハンの夏』でくわしくかいたご存じの、ノモンハン付近での日ソ戦争がそれであったのです。

◆ヨーロッパ情勢の虚々実々

そこへいきなりすっ飛んでいく前に、ヨーロッパの情勢にもういっぺん注目しなければなりません。立役者はもちろんヒトラーです。昭和十四年三月十五日夜明け、ほぼ半年前に英仏とかわした「チェコスロヴァキアの独立を保障する」というミュンヘンでの条約を破り、ドイツ軍がチェコの首都プラハに堂々と進駐、併合の意思を明らかにし、世界を驚倒させました。

ヒトラーを乗せた大型のメルセデス・リムジンの車列も、なんら危険のないことを確認してから、高台に位置するチェコの大統領府のおかれていたプラハ王宮城に急行します。そして由緒ある城に入るとすぐにこう宣言しました。

「ドイツ人を支配民族の代表と見なさないものは、財産を没収し、投獄し、処刑しなければならない。ドイツの支配に歯向かう村落はすべて焼き払われ、跡形もなくなるであろう」

ところが、このドイツ軍の条約無視のチェコの首都への侵略に対して、イギリスもフランスも、抗議の声明はするものの、なんらの行動に出ようともしませんでした。こうなると、ヒトラーが図に乗ってさらに領土拡張の計画を推進していくのは、もう目に見えています。プラハ占領から二週間もたたない三月二十八日、昭和九年（一九三四）に結んでいた不可侵条約の廃棄をポーランドへ通告します。戦争を辞せざる侵略の意思を宣言したものといえます。

イギリスのチェンバレン首相はこれに驚愕し即応するかのように下院で声明しました。

「ポーランドの独立を明らかに脅かす行動が発生し、ポーランド政府がそれに抵抗することが必要と決意した場合、イギリス政府はただちに持てるすべての力を結集し、あらゆる援助を与える」

そして三月三十一日に、チェンバレンはポーランドに軍事援助の約束をしました。さらに四月一日にはフランスとともにギリシャとルーマニアにも同じような約束をして、ヒトラーにたいするこれまでの宥和政策を英連邦は破棄することを明らかにします。ヨーロッパの情勢はがぜん急を告げはじめました。

ヒトラーはこのイギリスの動きにもたじろぐところはなかったようです。「よかろう。私は連中に地獄の飲みものを用意してやる」といったといいます。しかも、ポーランドの「独立」を認めたのであって、ヤツらの「保全」を保障してはいない。ならば予定どおりコトをすすめるだけである。四月三日にヒトラーは麾下の将軍たちを集め、厳命を下しました。

「八月末の発動をめざしてポーランド侵攻作戦〝白号作戦〟のための諸計画の準備にただちに当たるべし。戦争はポーランドに限定する」

ヒトラーの頭には、地政学的には戦略上大切な意味をもつチェコスロヴァキアに関して戦おうとしなかった英仏両国が、より遠い国で、政略的に何の意味ももたないといっていいポーランドのために戦うはずのあるべくもない。むしろこれら資本主義国が、ドイツのさらなる東方進出、最終的には共産主義国家の心臓部への攻撃を歓迎していないわけはなかろう、という、手前勝手な、かなり楽観的な思惑と観測があったのです。

それにリッベントロップのより楽観的な判断による意見具申がかなりヒトラーの心を動かしてもいました。外交的な種々の調査からみて、英仏はガタガタいっているが、ドイツがポーランドに侵攻しても敵対行動にはでてこない、それほどの戦術的用意はこの両国には完備していないというものでした。ヒトラーはイギリスとの間に戦争を起こそうという気は毛頭なかったゆえ、その報告を快く聞きました。

いっぽうスターリンは、こうしたドイツとイギリスのギリギリのやりとりの情報を得るにつけ、「坐して成り行きを待つことができるぞ」といっそう安堵していました。しかし狡猾であり策謀好きの彼らしく、もう少し深く英仏政府の腹を探ってやれとも考えます。四月十八日、中部ヨーロッパのどこかの国が侵略の脅威にさらされたとき、これを支援するための「相互安全保障」の枠組みをつくろうではないかと、スターリンは英仏両政府にもちかけたのです。

フランス政府は乗り気になったのですが、スターリンが虫唾の走るほど嫌いなチェンバレンは、こんな話にうかうかと乗るのはヒトラーを挑発するだけだと、すげなく拒絶。これをまたスターリンは大満足でうけとめます。やがてドイツと英仏が互いに消耗戦を演じだし、互いに潰し合う展開となったならまことに都合よく、ゆっくりと高みの見物をきめこみ戦力増強をはかることができると心から喜んだようです。

ところが、スパイをはじめ外国紙の報道などからソ連の英仏との交渉の話を聞いて胸中に怒りをたぎらせたのがドイツの総統閣下なのです。着々と計画が練られている〝白号作戦〟のためには、ソ連の中立が是非とも必要であるからです。そもそもこの年の春さきから、独ソ間の経済関係再開の話し合いがつづけられており、六月には再開されるであろうと、リッベントロップから報告をうけている。それなのにそのソ連が英仏にちょっかいをだし仲良くなろうとしている。スターリンは何を考えているのか。よかろう、それなら、その前に、ソ連を政治的に英仏からはっきりと離反させ、わがドイツと友好を示すような協定が結べないかどうか、こっちから誘いをかけてやる、とヒトラーは考えだしました。

そんな途方もない考えをヒトラーが抱くようになったキッカケとして、遅々として進まない日本との軍事同盟の交渉があった？　そうなんです、ヨーロッパ列強の虚々実々のややこしい動きの裏側に、日本のまことに煮えきらない態度があった、そう考えてもいいのではないか。三国同盟案を送りつけているのに、それをうけて平沼内閣の五相会議は、なんという体たらくか。陸相も海相も意見を変えず衝突をくり返すだけで、さっぱり進展しません。たとえば五月六日の会議では有田八郎外相が、大島駐ドイツ大使からの長文の電文の趣旨を報告します。

「ヒトラー総統は、日本の『武力援助を行うつもり』という意向にはとうてい同意しがたいといっている。要は、もっと明確に、独伊が攻撃をうけた場合には、日本はただちに交戦国関係に入る覚悟であることを明示してほしい、と総統はいっているとのことです」

米内海相は、当然至極のように首を横にふり「ノー」といい、これに板垣征四郎陸相の顔がたちまちに真ッ赤になる。そんなことのくり返しであったのです。

その上に、陸軍にとっては、厄介な問題が中国本土の天津で起こっていました。四月十日、天津の英国租界で、日本の傀儡政権というべき汪兆銘政権の中国人官吏が暗殺されたことに端を発します。英国租界に逃げこんだ中国人容疑者四人の引き渡しをめぐって、はじめ天津の英国総領事は同意していたのに、ロンドンの英国政府が頑としてこれを拒否してきました。ここから両国政府間の外交交渉はこじれはじめ、現地の陸軍は躍起となってしまいます。いまや英国嫌いとなっている日本政府も、怒りを表明せざるを得なくなりました。

三国同盟問題といい、天津事件問題といい、紛糾するばかりでさっぱり燭光のみえないことに、参謀本部は日一日と殺気だっていきました。とくに同盟問題は議が起こってから半歳をへるというのに、外相までが海相に味方するようになり、事態はわけがわからなくなっていくばかり。日本の参戦は自主的に決定する、その一行をかいておけばそれでいいではないか。いざとなったら、状況如何で知らん顔ですませばいい。腰抜けの海軍どもがいつまでも煮え切らないことをいっているのが許せなくなってきていました。

これでは、もともといい訳がましい曖昧な言説が嫌いなヒトラーが、こうした情報を伝えられて躍起となるのも、無理からぬこと、と思われるのです。それならばと、白号作戦のために、スターリンに色目を使いたくなるのも当然といえることであったかもしれません。

◆ニューヨーク万博のこと

ところで、さっぱり話題にものぼってこない大国ルーズベルトのアメリカなんですが、このころどうしていたのか。まったく無視しているわけではありませんが、もう山ほどもある史料が証明するとおり、昭和十二年十月のルーズベルトの「隔離演説」いらい、まったくの音沙汰なし。これはかかなければと思うことがほとんどありません。英仏はドイツに対抗するための外交的支援をアメリカにとくに要請しなかったし、かりにしたとしても、中立主義を押し立てているルーズベルト政権は恐らく検討する姿勢をみせなかったであろうと思われます。

ソ連に、それに日本にも、二股をかけた外交攻勢をかけるほど用意周到なヒトラーすらも、いまはいかなる状況にいたろうとルーズベルトが軍事介入してくることはないと、絶対的ともいえる確信をもっていたと思います。

はっきりいって前年の秋からこの年の春にかけて、アメリカ国家全体の中立そして軍事的孤立の気運は絶頂に達していました。もちろん、「隔離演説」が象徴するように、ドイツおよび日本のむきだしの侵略行為にたいして、アメリカ国民は不信と嫌悪の態度をかなり示してはいたようです。とくにパネー号事件いらいの日本にたいして、です。が、であるからといって、戦争にまきこまれることには強く反対なのです。イギリスに味方して第一次世界大戦に参戦し、十二万人の若ものを死なせてしまったことの記憶はまだ消えてはいませんでした。

アメリカ国民には、ヨーロッパやアジアの揉めごとにかかわるのはもうこりごり。それよりはいまはとにかくお祭りです。四月三十日、ニューヨーク郊外のクイーンズでニューヨーク万国博覧会がはじまっていました。アメリカ国民にとっては、この万博の大成功こそが大事でした。テーマは「世界の未来」。いまになると、このテーマはあまりにも皮肉な、と思うほかはないのですが、それくらいアメリカ国民は激変しつつある世界情勢にはそっぽを向いて、夢のような未来を描きたがっていた、ということの証となるのでしょうか。

近現代史研究家の渡辺惣樹氏が「明るかった一九三九年・ニューヨーク万国博覧会」という論評を「Voice」誌（二〇一七年六月号）に発表している。

「最新技術を展示する企画（GM、IBM等）のパビリオンが多く、人類の明るい未来を謳っていた。大衆はここで初めてテレビやテープレコーダーの存在を知った」

そして、YouTube の画像では万博会場を陽気に歩く人びとの姿を、いまも見ることができるそうな。

「戦後の歴史では隠された『明るい一九三九年』の姿である」

と渡辺氏は入場者四千五百万人とその盛況ぶりを伝えて、そのときの日本についてもふれている。

「ドイツは不参加だったが日本は参加していた。日本館は神社造りをイメージさせるデザインで、館内には日本庭園が造作されていた。そこでは多くの来館者が寛ぎの時間を過ごしていた」

YouTubeを見られないわたくしには確認しようもないが、多分に侵略国の悪評を払拭しようと、日本の当事者はあらんかぎりの工夫をこらして〝アジアの平和な楽園ニッポン〟のイメージをそこに実現しようとしたのでありましょうか。

その熱心な努力とは裏腹に、日本国内では三国同盟問題をめぐって、五相会議の激論はなおつづいていました。ラチがあかないからと、何とか解決の緒をみつけようとひらかれた陸海統帥部会議も決裂します。参謀本部作戦課の面々は、いまや撃滅すべき敵は海軍中央、それも米内、山本、井上のトリオだといわんばかりに怒りの炎を燃やしていたのです。そこに五月九日夜、看過すべからざる情報が飛びこんできたりしています。山本海軍次官が新聞記者を相手に、吹きまくったというのです。

「この問題に関するかぎり、海軍は一歩たりとも譲歩はせぬ。陸軍は狂っているよ。そんな陸軍に乗せられて五相会議をつづけているが、無駄もいいところだ。いまの平沼内閣じゃ政治など存在しないといっていい。それに首相と陸相はけしからん。五相会議でいったん決めて陛下への内奏もすんだ方針を、勝手にひっくり返すとは何事か」

それが正確な山本の発言かを問う前に、許しがたい山本次官の発言がさらに飛びこんできた。

「いずれ政変はまぬがれないことゆえ、諸君らはテントを張って待っているのがよろしからんと思うよ」

陸軍中央部の中堅参謀たちは、こんな親陸軍の新聞記者情報に完全に頭にきた。内閣が不一致なのは海軍が反対しているからではないか。その上に、倒閣をアジっているとは。いまの海軍のかたくなな態度の元凶は山本なり、との観測はずっと以前からあったが、改めてそれが明瞭になったかの感がある。陸軍中央部の山本をみる目は完全に硬化しました。それは「空気一段と悪化し、諸種の動きを見るに至れり」と当時の陸軍の史料にかかれているとおりなのです。

「諸種の動き」とは、「宣言」とか「要請」とか「辞職勧告」とかいう名の脅迫状の送りつけであり、右翼団体の抗議の海軍省乗りこみであり、あるいは一人一殺のテロの動きがはじまったということなのです。山本次官が万が一を覚悟してひそかに「遺書」をかいて机の抽出しに納めておいた、という有名な話は、この二十日後のことでした。

日本における三国同盟問題がこのように海軍の反対ですったもんだするだけで一歩も進展し

ないのをみてとったヒトラーは、五月二十二日にムッソリーニとのあいだでさっさと軍事同盟を結びました。「鋼鉄協定」と名づけられたこの同盟で、イタリアもまたドイツとともに、世界の新しい秩序はいまや力によって建設され支配されるという事実を認めたわけなのです。

世界の複雑にからみ合って変転しつつある情勢、そして日本国内の騒然かつ殺伐たる状況は、ざっと以上のとおり。まさにこの直後に、ヨーロッパや東京から遠く離れた満洲北西部の、満洲国とモンゴル人民共和国（外蒙古）の国境の高原において、突然にはげしく銃火がかわされる大事件が起きました。五月十一日に生起したノモンハン事件がそれなのです。

◆突発的なノモンハン事件

この満洲国と外蒙古の小さな国境線をめぐる紛争に端を発し、やがてその両国のバックについていた日ソ両陸軍が大兵力を動員してのはげしい戦闘にまで拡大した〝事件〟についての経過は、すでに『ノモンハンの夏』でくわしくかいているので、ごく簡単に記します。

要は関東軍司令部が策定した「事件処理要綱」にもとづいて、大まかにわけて第一次、第二次、第三次と戦われた戦闘で、六月下旬にはソ連航空基地を越境爆撃し、主力の第二十三師団にさらに増強部隊も加えての第二次戦闘までは、日本軍が優勢ともいえる戦いを展開しました。しかし八月になってソ連軍が十数倍の戦力で反撃に転じ、巨大な火力と、過大なほど投入された戦車、新鋭航空機の攻撃で、第二十三師団は壊滅的な打撃を蒙り、九月には外蒙軍の主張する国境線を正式なものと日本側が認めて停戦せざるを得なかった戦い、というわけです。

関東軍をはじめ日本軍にとっては、はじめて味わう現代戦であったといってもいいでしょう。しかも後半は、強靭な機甲力と火力の前には、日本陸軍が信奉する攻撃的白兵主義と精神力だけでは無力そのものであることを学ばされた惨たる戦闘であったのです。

ただ一つ、さきの拙著ではごく簡単にしかかいておかなかったソ連軍の総指揮官ジューコフ大将が、スターリンの質問にたいして答えた日本軍の印象を、ここではきちんとかいておくことにします。

「日本軍兵士は訓練され、几帳面で、とくに防衛戦では頑強です。下級指揮官は非常によく訓練されており、狂信的な頑固さをもって戦います。一般に下級指揮官は降伏せず、『ハラキリ』を躊躇せずにやります。上級将校は、とくに年をとった上級将校はさほど訓練されておらず、あまりイニシアチブをとらず、紋切り型の行動をする傾向があります」

わたくしは『ノモンハンの夏』の最後の章に「万骨枯る」という見出しをつけましたが、敵の総大将の言葉は、そのことの正しさを証明してくれているのではないでしょうか。

本書では、それよりも「昭和十四年の夏」の世界情勢をしっかりとみつめてかかなければならないと考えています。たとえば、アメリカのスタンフォード大学のフーバー研究所にある『蔣介石日記』にもとづいて、岩手大学の麻田雅文准教授がまことに興味深いことをかいています。長く引用してみます。

「蔣は、ノモンハン事件と並行する英仏ソの交渉に期待をかけ、ソ連が日本の友好国ドイツではなく、英仏と同盟することを切望していました。六月二十二日には『（ソ連と）英仏との不可侵協定が極東も包括するなら、人類の歴史に貢献する雄偉なものとなる』という手紙をスターリンに送っています。／七月九日にはスターリンも、異例の自筆書簡で『交渉が成功裡に終われば、極東においても、平和を愛する国家のブロック結成への大きな一歩となる。中国との二年にわたる戦争で日本は正気を失い、英国やソ連、モンゴルに攻撃をしかけている』と返信しています」（毎日新聞　二〇一七年四月二十七日付夕刊）

つまり、この蔣介石とスターリンの往復書簡でもわかるとおり、英仏（それに米も含めて）と、独伊の両陣営が、ソ連を自分のほうの仲間に引きいれようとせめぎ合っていた、それが十四年夏の世界情勢のいちばんの肝どころであったのです。しかもスターリンも決断しかねており、蔣介石への手紙の内容とは異なって、明らかに二股をかけて音無しの構えを崩そうとはせずに、ドライにおのれの国益のみを追求する姿勢を保っていたようなのです。

ただし、アジアで思いもかけずはじまっている日本の関東軍を敵とする戦闘には、スターリンは音無しの構えどころか、猛牛のように突っかかることを決意しました。A・ビーヴァーが、六月一日、ジューコフ大将への至急モスクワに来いという電報から大著『第二次世界大戦』をはじめているのは、その意味ではまことに要を得ていると考えられるのです。トロツキストとしてあるいは死刑かと覚悟してモスクワに赴いたジューコフはこう厳命されるのです。ビーヴァーはかいています。

「現地司令官がほとんど〈ノモンハンの戦場で〉成果をあげないことに〈スターリンは〉激怒しており、国家の西方にヒトラーとの戦争の脅威があるいま、傀儡国家『満洲国』を根城にわがソ連邦に仕かけてくる日本の挑発的行為にこのさい引導をわたす考えであると」

それゆえジューコフに強大な兵力を与え、このさい日本陸軍に決定的な打撃を与えよと命じます。死刑どころか、ここで殊勲をたてればいっそう重用されると、ジューコフは勇みたちます。もちろん、関東軍はそんなこととは露思うことなしで、いつものように敵の実力を過小評価して、結果として大打撃をうけることになるわけです。

そして、このときヨーロッパでは――。

ヒトラーの、つぎの目標たるポーランド侵攻の意図が明白になるにともなって、もはや黙視できないとフランスは動員を開始しました。イギリスもまた七月中旬には海軍臨時演習の実施を発表、予備の艦船をつぎつぎに就役させます。それはヒトラーにもはや譲歩のないことを誇示し、われわれには戦争の準備が着々と進んでいるのだと知らせることでもあったのです。

◆日米通商航海条約の廃棄

このころモスクワでは、七月十五日、ノモンハン方面の各部隊は第一集団軍に改編せよ、とスターリンが命令を発します。そしてジューコフに軍司令官として全指揮権を与えました。それはスターリンがノモンハン付近の戦闘にいよいよ本式にとり組む決意を表明したことを全将兵に示し、大いに勇気づけたことでもありました。

当然のことながら、ソ連軍増強の情報は関東軍作戦課もキャッチしました。さっそく「各種の角度より観察の結果、ソ連極東全軍は大動員せられたり」との電報が大本営に送られます。が、三宅坂上の参謀本部の秀才参謀たちの面々はこれを素直に認めたくはありませんでした。認めれば、関東軍からの兵力増強の要求はかならず巨大なものとなるのはわかっています。ない袖はふれないのですし、なにしろほかに関心事が山積していたからでもあります。

第一に天津問題がありました。イギリスがいまヨーロッパ問題に専念せざるを得ない状況であることはわかっています。このために、アジア方面では日本と何とか妥協したいと考えている。その弱味につけこんで、問題解決のための日英交渉は七月十五日からはじまりましたが、日本側は最初からかなり強気でその席に臨みました。

新聞も大いに政府や軍部に激励を送ります。また新聞に煽られて国民も大々的な反英デモを展開、英国大使館をとり囲んで大騒ぎ。

「熱狂のあらし、国民的興奮の爆発だ。次いで府、市会議員らがこもごも立って老獪英国は東亜新秩序を乱すものと喝破。東京会談を監視し当局を激励せんと雄々しい叫びを上げて会集は一斉に起立、九重〔皇居〕の奥にも届けよと聖寿万歳を三唱、午後三時市民大会を終え、いよいよ反英大示威行動に移った。……」（読売新聞　七月十五日付）

日中戦争がドロ沼化しつつあるのは、何よりもイギリスが蔣介石を支援しているためだ、という陸軍の宣伝が浸透しているから輿論はとにかく強硬になり、これに後押しされて交渉は、一方的にイギリスに譲歩を強制するものとなりました。七月二十二日には、その譲歩をもとに日英仮協定がいったんは成立したのですが、ここで妙な横槍が刺しこまれてきた。天津にも租界をもつアメリカ政府です。ひそかに、なのですが、猛烈に強い反対意見をイギリス政府にのべました。これにイギリス政府は煽られて突然に態度を曖昧にし、仮協定は事実上効力を失ってしまう。

いささか泡を食って対応に窮している日本政府に、七月二十六日、アメリカ政府はさらに日米通商航海条約の廃棄を表明してきたのです。アメリカの通告はこうでした。

「米国の利益をいっそう擁護するため、六カ月の予告をもって本条約を廃棄する」

青天の霹靂とはまさにこのことです。国務長官ハルが言明しました。

「日本が中国におけるアメリカの権益にたいし〔上海や天津において〕勝手なことをしているのに、なぜアメリカは通商条約をこのまま維持しなければならないのか。日本のスポークスマンが『東亜の新秩序』とか、『西太平洋の支配権』とか、『イギリスは日本に降参した』とか、日本は『徹底的外交の勝利を得た』とか叫んでいる。いまこそ、アメリカがアジア問題にたいする態度を再声明する機会が到来した。わが行動は、中国、イギリスその他を激励し、日本、ドイツ、イタリアを失望させるであろう」

イギリスがアジアの諸問題から手を引かざるを得ない現状に、かわりにアメリカが乗りだしてきたのです。つまり、アメリカ政府は日本にたいして条約破棄という行動にでることで、ヨーロッパには間接的に、アジアには直接的に「アメリカは暴力には威嚇されぬぞ」という強い意思を示したというわけです。

これには日本の政府も軍部も愕然たるものがあったようです。と、少々曖昧にかくのは、『昭和天皇実録』には、このきわめて重大事がこの時点ではかかれていないからなのです。そして、なんと『実録』に、この事実にかんして天皇の言葉が記されるのが八月一日、しかも〝ついでに〟という形でかかれています。かえって指導層の狼狽の程の深さが知れるものといえましょうか。

「侍従武官畑俊六より、汪精衛〔汪兆銘の字〕工作に関し言上を受けられる。その際、去月二十六日の米国による日米通商航海条約の廃棄通告に関し、米国より経済断交を受けた場合には屑鉄・石油等の資源の立ち行かないとの情報を御懸念になり、支那事変の前途を深く憂慮され、陸軍の真意及び対策につきお尋ねになる」

ただこれだけ。もしかしたらと思って『畑俊六日記』を検してみたら、『実録』は『畑日記』に依拠してかかれたものらしく、まさしく天皇の発言というか憂慮はこれだけでした。

そうなると、アメリカからの通告は指導層にとってはそれほどの大事とは思われなかったのか。まさか、とは思うのですが。

しかし、ほんとうは通商条約を廃棄したアメリカが石油の全面禁輸を決断し、もし石油が一滴も日本に入らなくなったら、日中戦争どころか、日本の戦力はゼロにひとしくなる。飛行機も戦車も、否、堂々たる連合艦隊の艨艟はすべて動けなくなるのです。そんな断崖に立たされたような由々しきことを想像するのは気が早いとしても、アメリカの条約廃棄の通告は、結果としてはそのことのあり得ることを予告したものといえるのです。それなのに、いや、それゆえに天皇に心配をかけたくはなく重大視しようとはしなかったのか。単なる威し、容易に話はつくとでも楽観したのか。

何はともあれ、指導層がそんな楽観にまだとらわれている事態を、国民が察知することなどできるはずはありません。くわしくはわからないから日本国内の輿論は、ただもうアメリカの通告に完全に硬化するだけ。これまでにもアメリカ政府はわが大日本帝国にたいして不遜であり、非友好的であり、そこに寸毫の道義も見出すことはできない、との論が新聞や雑誌を飾ります。反米感情はかなり強まっていきました。

さらには新聞に載った二十九日付のヘラルド・トリビューン紙の論説に国民はひとしく憤慨

しました。

「日本は独伊と同じく、鉄拳をもっておどすときにのみ理性の声を聞くとの信念の下に、日本は目下支那と交戦し、ソ連にたいしても〔ノモンハンで〕敵対行為を実行し、西欧諸国とかかわり合うの暇なき状態にある。ゆえに、主たる軍需品供給国たるアメリカの禁輸にあえばたちまち屈服するのほかなきであろう」

何たる無礼な言辞なるかな、と国民的な反米の熱狂は相乗化して昂まっていくばかりでした。

◆両巨頭の往復書簡

八月に入って、ほぼ一カ月も何事もなかったかのようなモスクワの音無しの構えに、ついにヒトラーのほうがしびれを切らしてしまいます。ロンドンでもパリでも、さらにはワシントンでも、凶悪なナチスの独裁者が自分のほうから頭を下げるとはだれひとり想像すらしていなかったときに、ヒトラーその人がまさしく態度を百八十度も変えたのです。

八月二日、リッベントロップがベルリン駐在のソ連代理大使に、独ソ両国の新たな友好的関係を構築しようではないかと、突如として、もったいをつけておごそかにもちかけました。

「バルト海から黒海にいたる全領域において、ソ連とドイツの間には何ら解決できない問題など存在しません」

その上で、ポーランドにたいする侵略的意図にまで隠すところなく言及しました。ポーランドは怪しからんことにいまやドイツ侵略の準備を整えていると、あり得ないようなことをいい、そうさせないために、わがドイツはやむを得ず自衛のための先制攻撃を考えないわけにはいかなくなった。ついてはソ連はわがほうを支援しないか。しかもそうすることで戦利品としてそれなりの分け前があることも示唆したのです。あとはソ連政府がその気になるならば、万事はうまくいくと、リッベントロップはニヤリと笑ったといいます。

この知らせにスターリンは両手を叩いて躍りあがらんばかりに喜びます。政治的な駆け引き、つまり多方面的な神経戦で、ヒトラーのほうがさきに参ってしまったことに大満足でした。イギリスとフランスにむけては正面の門を大きく開けておき、裏門から隠密裡にドイツとの連絡をきらずにいた自分の両面作戦が、ものの見事に図に当たったことにもスターリンはかなり大得意となります。

なお、余談ながら、ドイツから亡命したユダヤ人物理学者アインシュタインが、ドイツよりも先に原子爆弾をつくるべきである旨の書簡をルーズベルトにかいたのは、同じ八月二日のことでした（ルーズベルトがうけとって読んだのは十月十一日）。ここでも歴史は面白い別の一面をみせてくれます。

八月四日、プラウダ（ソ連共産党中央委員会の機関紙）はロンドンからの報道として、英仏両国が軍事使節団をモスクワに送ることにやっと同意してくれた、とことさらに大きく報じました。英下院で、イーデン議員が「ドイツの侵略を思いとどまらせるためにも、一刻も早く英仏ソの平和戦線を結成することが急務である」と主張している様子をも、プラウダは載せています。すべてヒトラーに読ませるためのものでした。

ドイッチャーがかくように「スターリンは、いまやヨーロッパが震えおののく人の求愛をうける立場に立った」のです。その言葉を借りれば、ヒトラーの〝求愛〟は、こうなるといっそう優しく、熱くかつ執拗にならざるを得ません。リッベントロップはその意見具申をうけて、一刻も早いスターリンとドイツ外相との会見を正式に申しいれました。いまや、スターリンのよき返事をもらおうと、英仏とドイツとが求愛の競争となったわけです。

ところが、事態は妙な展開をみせはじめました。八月五日、英仏の使節団がレニングラードへ向けて出発したことはしたのですが、空路でいけばひと飛びなのに、なぜか彼らは時間のかかる海路を、ソ連側がのちに不快そうにかいているように「時速十三ノットに制限された」汽船をノロノロと走らせてやってきたのです。しかも両国の代表はいわば二流の人物たちで何の決定権ももたず、彼らにできることはロンドンとパリに話をもち帰り、本国政府に報告するだけのこと。これでは何度会談しようと決まることなど何一つない。八月十二日から二十一日まで全七回の交渉が行われましたが、全権をもたない代表団が相手では、肝腎なことは何も決められずについには不成立というお粗末さ。

こうした経緯を正確ではない情報で承知しながら、ヒトラーは二十五万の大軍を十五日には東部国境線に集結させました。また万一の場合の保険をかけることにして、海軍のポケット戦艦グラフ・シュペーとドイッチュラント、二十六隻のUボートに大西洋への出撃準備をととのえさせる。さらに、もう待ってはいられない、とばかりに、二十日に誇りも外交上の儀礼もかなぐり棄てて、スターリン宛ての書簡を送ることを決意します。かなり長いものですが、そのいちばん肝腎の部分は――。

「ドイツとポーランドの緊張は堪えがたいものになりました。いつなんどき、危機が生じるか測られません。ドイツは、いまからのち、あらゆる手段をもってドイツ国の権益を守る決意であります。

私の意見では、新しい関係に入ろうとする〔独ソ〕両国相互の意思にかんがみ、（中略）私は貴下が、わが国の外務大臣を八月二十二日火曜日、遅くとも二十三日水曜日に引見されることを重ねて提案します。ドイツ国外務大臣は不可侵条約とともに付属議定書を起草、署名する全権をもっています。（中略）貴下のさっそくのご回答を得られれば欣快のいたりであります」

二十日付のこの電信によるヒトラーの書簡を手にしながら、スターリンは待っていましたとばかりに二十一日正午ごろにはもうペンを走らせていました。

「閣下の書簡に感謝いたします。私は独ソ不可侵条約が、われわれ両国間の政治関係の改善に、決定的な転機を画してくれるよう望んでおります。

私はここに、リッペントロップ氏が八月二十三日にモスクワへご来訪くださることにたいして、ソビエト政府が同意する旨を、ソビエト政府より委任された権限によって、閣下にご通知いたします」

アジアの、ノモンハン方面のジューコフ大将総指揮の総攻撃は計画どおり開始され、機甲部隊を全面活用しての猛烈な攻撃は作戦どおりに日本軍の抵抗をいたるところで撃破し、勝利は確実なものとなりつつある、という極東軍司令部からの報告もとどき、スターリンには後顧の憂いはまったくありません。あとはちょび髭の独裁者の求愛にだけ顔を向けておけばいい。

この電信によるスターリンの書簡は二十一日午後九時三十五分にドイツの外務省がうけとり、ただちにヒトラーに知らされます。一説に遅い夕食中であったので、テーブルを拳骨でガーンと叩き、グラスをガタガタさせて、また一説には拳骨で壁をがんがんと打ち叩き、足で床をどしどしと踏みならし、とにかくヒトラーは大声で叫んだといいます。

「ついに全世界が俺のポケットに入った！」（また一説に「彼らが承諾したぞ！」）

いずれにしろ、ヒトラーが狂喜したことに間違いありません。

じつは、これはわたくしが『ノモンハンの夏』で、平井友義氏が発掘した「ソ連側史料」に依拠してかいたことですが、スターリンは八月中旬つまり英仏代表団との交渉がはじまってすぐ、英仏は相手にならずと素早く見通して、ヒトラーとの握手を決意した、と思われるのです。なぜなら、ノモンハン方面での大総攻撃の作戦開始を八月二十日ときめていたからなのです。ドイツのポーランド侵攻を機に、ヨーロッパで大戦争の戦端がひらかれんとするときに、ソ連が中立でいられる保証もなくして、アジアで大攻勢を敢行するほどスターリンは無謀ではない。もっと慎重な、疑い深く、計算高い人物であり、しかも、中立が可能となった暁には、つまりヒトラーとの握手が間違いないものとなったときには、徹底的に日本軍を潰滅させてやるとの決意を固める、そのような人物であると考えられるゆえにです。

スターリンには底知れぬ魂胆があったと思われます。ヒトラーの求愛を受け入れれば、ヒトラーはポーランドに侵攻する、英仏は黙視していられないで、かならずや西部戦線で戦闘となるであろう。となると、ソ連は二重の利益を引きだすことができる。第一は自国の軍事的準備を完整する十分な余裕ができる、第二に参戦諸国の国力はともに消耗し、結果はヨーロッパにおけるソ連の国際的比重はぐんと重くなる。いずれにしても、わが国にとっては大きな利益をもたらすことになる。それがスターリンの予想でした。

そうみてくると、スターリンがヒトラーの求愛をうけいれる気になったのは、想像よりずっと早い時期と思われるのです。

二十一日午後十一時ちょっと前、リッベントロップから電話で、独ソの不可侵条約が間もなくモスクワで調印されるであろうと知らされた大島駐ドイツ大使は腰が抜けるほど驚きます。ドイツは日本との友情を裏切るというのか。ドイツ外相は淡々とした口調でいいます。

「実は、英仏がソ連に接近する可能性があったゆえ、こうする以外に道はなかったのだよ。それに、三国同盟の早期締結というわれわれの求めに、日本は半年も沈黙したままではなかったか。そうだろう。だから、ドイツはやむを得ずほかの道を探らねばならなくなったのだ」
大島はさすがにおのれの耳を疑ったが、
「ドイツの行動は防共協定違反である。厳重に抗議したい」
とそれだけをやっとの思いでいいました。

◆驚倒した独ソ不可侵条約

二十一日午後十一時すぎ、ドイツ国営放送は音楽番組の放送を中断し、ドイツ外交の大転回のニュースを早くも放送します。この独ソ不可侵条約が成立するであろうの報道は世界を震撼させました。世界各国の諸民族が大きな不安をかかえている重大な瞬間に、だれもがその事態を想像すらしていないことが現実となった。サル智恵をいくら働かしても、とても及びもつかないことが起こった、といえるのです。

駐独イギリス大使ヘンダーソンはロンドンにこんな報告を送りました。

「ベルリンの第一印象は（中略）戦争することなく目的を達成するヒトラーの能力に感嘆し、限りなく安堵感にみちている」

そして大日本帝国では、ベルリン時間午後十一時は、東京の二十二日午前七時。まず驚天動地の状態となりました。とくに参謀本部です。もはや五相会議もへちまもあるものか、倒閣をふくみとしながら、三国同盟の無条件成立に向かって最後の手段にでようとして策を練っているとき、まさかと思う独ソの握手がなされるという、このすべてを無にする報道がベルリンから躍りこんできたのです。*2

海軍省調査課長の高木惣吉大佐の日記が面白いことをいっています。『昭和史』でいっぺんかいていますが、お許しを願って――。

「政府も陸海軍もそれぞれに違った意味で開いた口が塞がらない格好である。平沼内閣の立場は全くゼロということになった。（中略）独逸が（日独）防共協定をソ連に売ったからといって、さまで驚くにあたらないであろう。ソ連でもまた独ソ不可侵条約をいつ英米に売らないとは保証できない。今日の国際信義は要するに国家的利害の従属にすぎないと見なければならぬ」

長い再引用となりましたが、そのとおりで、国際信義の頼りのなさは昔も今もそれほど変わってはいないと思うのです。昭和八年の国際連盟脱退いらい、「栄光ある孤立」でいい気になっている当時の日本が、国際外交の非情さ、苛烈さに無智蒙昧であったとしても、それはやむを得ないことであったといえるでしょう。

それをそのままに語ってくれるような話が、T・ゾンマー『ナチスドイツと軍国日本』にあります。八月二十二日に、ヒトラーが国防軍の幹部を前にして大声でいったというまことに痛烈な日本人批判がそれです。

「結果として、日本が脱落してもやむを得んだろう。余は、日本にほとんど一年間の余裕をもたせてやった。日本の天皇は、ロシア最後の皇帝そっくりだ。弱体で、臆病で、なんの決断も下せない。天皇など革命の餌食になってしまえばいい。日本と協調していって人気のあった例はない。われわれは今後極東とアラビアで不安をかきたててやろう。主人であるわれわれは、これらの地域の民族は、革鞭がどこにあるか見つけようとしている紐でくくられた猿人ぐらいにしか思っていない」

ゾンマー氏自身は、その出所があまり確かな資料でなく価値に疑いがある、と断りながらも、「八月中旬のヒトラーの日本にたいする考え方は、これと同工異曲のものであったことは疑う余地がない」とかいています。たしかに、「今日も五相（五升）、あしたも五相、一斗をついに買えない内閣」と国民そのものが嘲笑している平沼内閣の不決断。外からみれば、半歳以上も揉みに揉むだけでただ分断を深めるばかりの日本の政治には呆れ返るほかはなかったろう、と思われますが、それにしても「猿人ぐらい」とは⁉ これが〝盟邦〟とドイツ贔屓の連中がぞっこん参っている国家の領袖のいうことかと、いささか呆れ返るばかりですが。

しかし、よく考えてみれば、ヒトラーが真に抱いている野望とは、日本との軍事同盟でもなければ独ソ不可侵条約の締結でもなかった。つまりは、東方への領土拡大にたいして、英仏がただ拱手傍観せざるを得ない政治的状況をつくる、そのことにあったのです。かりに、無謀にもこの両国が挑戦するようなことがあったとして、その場合にも背後（つまりソ連）が中立を保って〝安全の条件〟がつくられていればそれでいい。もともとがソ連に中立を保持させるための日独伊三国同盟案であったわけです。第一次世界大戦のときのような東西二正面戦争は望まない。ともかくソ連がしばし静かに、つまり東正面がより安穏であることが確かであれば、それでよかったのです。

ですから、同じときに、ヒトラーは国防軍の幹部にこうも豪語しています。

「戦争をする口実はどうにでもつく。勝ってしまえば、真実を語ったかどうかは問題にならない。戦争で重要なのは、最初から最後まで正義ではなく、勝利なのである」

八月二十三日正午すぎ、リッベントロップ外相がモスクワに到着。交渉は順調にすすみ、条約が調印されたのは夜半すぎになりました。条約は、①両国はお互いに攻撃せず、②第三国から攻撃された場合、これを援助せず、③紛争は友好的に解決し、④締結国と対立する連合勢力には加盟しない、の四条です。期限は十年。ただし、発表しない秘密の議定書もかわされました。フィンランド、エストニア、ラトビアのバルト海諸国はソ連が奪り、リスアニア（リトアニア）はドイツが奪る。ポーランドは両国で分割して領土とする、と。

この秘密議定書の署名がすむと、スターリンが提案しました。ヒトラーのために乾杯しようではないか。ドイツ国民がどのくらい総統を熱愛しているか、よく承知しているよ。この言葉にはリッベントロップは思わず微笑んでしまったということです。

いくらかドイツ側が領土的には譲歩しましたが、これによってヒトラーは完璧にスターリンの好意的中立を手にすることができたのです。独ソ不可侵条約締結の大ニュースそれだけで、英仏の戦意を沮喪させることができ、ポーランドを孤立させることに見事に成功、いよいよ、得意の電撃的侵攻のときが到来したと、ヒトラーはほんとうに大満足しました。

◆石橋湛山の名論

独ソ不可侵条約が正式に発表されて、八月二十四日には改めて全世界を驚倒させましたが、イギリスのチェンバレン首相は議会にて「まったく不愉快きわまる条約であるが、だからといって、英仏両国のポーランド保護の決意にはいささかの変化もない。ヒトラー総統がこれを誤解すると、きわめて危険な事態を招くことになるであろう」と演説します。

それを知らされたその夜のヒトラーはじつに不機嫌であったといいます。宿敵スターリンとの握手という世界的な離れ業をやってのけたというのに、イギリスとフランスにさしたる効果を与えなかったのかと、大きな失望を感じたからです。そして不機嫌の底のほうから憤怒のつきあげてくるのを感じていました。

いや、いまは各国の指導者が何を思ったかということより、わずかな情報を知るのみの国民の一人ひとりがうけた衝撃がどうであったか、そっちに視線を向けるべきかもしれません。いつの時代でも、日常の生活をせっせとやっている人びとにとって、あり得ないと思うような政治状況の急変は、いつでも天から降ってくるように突然のものであるからです。

ドイツの作家ケストナーは、急激に破局に向かいつつある地球上で、ただ一つ残された希望の象徴と思っていたソ連という国と共産主義に、愕然としつつ最後の訣別の辞を送ったのがこの日であると、はっきりとかいています。

「それは、リッベントロップの到着を歓迎してモスクワ空港でハーケン・クロイツ〔鉤十字〕の旗が掲げられ、赤軍の軍楽隊がナチス党歌を演奏した時であった。それが最後であった。その時いらい、ヒトラーの同盟者〔共産党〕が私を反革命家と呼んでいるかどうかなどということは、もはやまったく気にならなくなったのである」（ヴォルフガンク・レオンハルト『裏切り』より引用）

ソ連の作家エレンブルグも、パリでソ連政府機関紙イズベスチヤの通信員として働いていたが、この報をニュースで聞いたときのことをかき残しています。

「その日のうちに、身体の調子がおかしくなってしまった。しかも、その病気は医者にも診断不可能なものであった。要するに、それから八カ月もの間、私は食べることができなくなり、体重が十八キロ以上も減ってしまったのである。（中略）私はカカシのように痩せ細ってしまった」（『わが回想』第四部）

それでは日本人は？　となると、歌人斎藤茂吉も詩人木下杢太郎も、その日記をひらいてみたがまったく一行たりともそれらしい記載は残していない。まして永井荷風においてをや。それらしいことは噂でもうさんざん聞かされたこと、いまさら何だ、すべては遠いヨーロッパでの出来事と、だれの関心もよばなかったわけでもないでしょうが。とにかく日本国民は大した衝撃をうけなかったようです。また『昭和天皇実録』にも二十四日の記述にはそれらしいことはまったくない。それでやむなく『畑俊六日記』からあえて引っぱってみると――。

「〔駐独大使の〕大島は、今回の独政府の措置は防共協定付属秘密協定に違反するものにして、日本政府及国民は之を絶対に承服せざるべし。かかる措置より生ずる憂うべき事態一切に対しては独政府として責任を負うべきものなりと抗議したるに……（後略）」

こうやっていくら抗議の言をくり返してもすべては後の祭りであったといえます。亀が甲羅のなかでちぢこまったように、何の動きもみせなかった平沼内閣は、八月二十八日、やっと総辞職することになります。平沼は首相談話で、昭和史に残る名言を残して去っていきます。

「今回締結せられたる独蘇不可侵条約により、欧州の天地は複雑怪奇なる新情勢を生じたので、我が方はこれに鑑み、従来準備し来った政策はこれを打切り、さらに別途の政策樹立を必要とするに至りました。これは明らかに、不肖が屢次〔しばしば〕奏聞したるところを変更し、ふたたび聖慮を煩わし奉ることになりましたので、補弼の重責に顧み、洵に恐懼に堪えませせぬ」

この「欧州の天地は複雑怪奇」が、日本の外交のあまりにも情けない無為無策ぶりをそのまま表明している、ということでいまに残っているのですが、当時にあってもきびしくそのことを指摘し強く弾劾した言説もあったようです。東洋経済新報社の役員でもあった石橋湛山がその一人。「ドイツの背反は何を訓えるか」と題した社説をその雑誌にかいています。

「我が外交の上から論ずれば、古往今来こんな恥辱を国家が蒙り世界に顔向けならぬ大失態を演じた例が、二千六百年の我が歴史にかつてあったか。盟友だ！　防共協定だ！　全体主義だ！　臆面もなくこれらの名辞に讃嘆の声を挙げていた我が国は悪むべきかな。しかし誰が一体かような恥辱を我が国に蒙らせたか。それはドイツでも、他の国でもない。我が国自身だ」（「東洋経済新報」昭和十四年九月二日号）

いまさらドイツにだまされたの、ドイツは背信の国だと悪口などいうなかれ。ドイツという国つまりヒトラーがそんな人物だということを見抜けなかった日本。日本の指導層が勉強不足、研究不足、なっていないのだ、と石橋湛山はスパッと喝破したのです。いまの日本にも同じようなことが起きていないのか、やっぱり疑問に思いたくなります。トランプ大統領と意気投合したとか、プーチン大統領と親身であるとか、さかんに安倍首相の、湛山流にいうなら「臆面もなく」いう言葉、さてさて、あとで「複雑怪奇」などという結果を、われら民草がみせつけられることがないと、はたしていい切れるのか。余談ながら一言つけ足しておきたくなるのですが。

平沼内閣総辞職とほとんど時を同じくして、といってもいいでしょう、ヒトラーは首相官邸に親衛隊とナチ党の幹部を集めて演説をしています。手段はどうあれポーランド問題に片をつける決意だと表明して、何があっても容赦はしないといい切りました。あとはI・カーショーの大著『ヒトラー』下巻から長く引用します。

「ハルダー〔参謀総長〕は、ヒトラーが次のように言ったと記している。『私が生きている限り、降伏の話はしない』。ソ連との条約は、ナチ党内で全く誤解されている。それは『悪魔を追い払うための魔王との条約にすぎない』とヒトラーは断言した」

ヒトラーの狙いはポーランドを越えて、もうこのとき魔王につけられていたのでしょうか。

◆第二次世界大戦はじまる

九月一日未明、ルントシュテット、ボック両元帥指揮の百五十万のドイツ軍部隊が、南北からポーランド国境を越えました。ゲーリング指揮の二千機以上の戦爆連合の大編隊が、あわただしく集められたポーランド軍を攻撃し粉砕する。ドイツ軍の侵攻は迅速であり、かつ周到でした。まさに電撃的でした。ヒトラーが命令書に署名したのは三十一日午後十二時四十分でしたが、総司令部の作戦計画はずっと前から十分に検討が加えられ、練りあげられたものであり、ポーランド軍は抵抗する暇もなく撃破されつづけ、早くも前線というものは存在しなくなります。

ドイツ国内では、人びとはいつもと変わらない日々の仕事に精出していました。戦闘は開始されたが、敗北の恐れのほとんどない対ポーランドに限定された短期決戦と、ほとんどの人が思っていた。第一次世界大戦の記憶のあるごく一部の人のみが、これによって恐れていた資本主義列強との大戦争、それも長期になるかもしれない戦争は避けがたいものとなったと、心から憂えた。この人たちの表情にのみ、不安や恐れ、そして一種の諦めの気持ちが表われていた、ということになっています。

つまりその人たちにとっては、これは「ヒトラーの戦争」であったということです。これがずっと定説としていわれてきたことですが、いや、かならずしもそう単純にきめつけることはできない、という説を、最近は強く主張する研究者もいるようなのです。「大砲かバターか」ではなく、「大砲もバターも」というナチスの政策を熱烈に支持するドイツ国民がほとんどであった、というわけです。ナチス・ドイツの国民は、すなわちヒトラーは危機克服のために戦争を選ばなければならないところまで追いつめられているのだ、そう理解していた、というのです。わたくしの友人で、ドイツ国防軍の研究の第一人者の大木毅君は、こんな事実も明かしてくれています。

> 「国民の多くの『自主的』な通報、密告のネットワークが、ゲシュタポ（国家警察）の捜査活動を支えたのであった。この例が端的に示すように、ヒトラーは彼の戦争を遂行するにあたり、さまざまな問題をはらみながらも国民の支持を獲得しうる国内体制を固めていたといえる。／だとするならば――『ヒトラーの戦争』は、ドイツ人の戦争としても読み解かねばならないだろう」（『灰緑色の戦史』）

なぜ、余計なことをかいているのか。じつは、近年の日本を騒がしている共謀罪問題がふと頭をかすめてきたからなのです。というのも、太平洋戦争直前のわが大日本帝国の民草の日常を、まだ少年でありましたがわたくしは体験しているからです。〝トントントンカラリンと隣組……の調子のいい流行歌の背後にひそんでいた〝自主的な通報、密告のネットワーク〟の脅威。戦争というものはそういう国民の協力があって推進されるものです。それがいいことだと、思考を停止し、信じこむ。集団化された人びとは熱にうかされやすい。画一的で、異質を排除する不寛容の傾向をもち、ときには暴力性をはらむ。共謀罪という法律が、「核兵器もアベノミクスも」と主張する人びとに想像以上に妙な力を与え、危機克服のためにナチス・ドイツと同じような道を日本人に選ばせるようなことが……いやいや、まさかとは思うのですが。

まったくの余談でした。元に戻ります。九月三日の日曜日の朝、駐独イギリス大使が最後通牒をリッベントロップに渡そうとしました。十一時までにポーランドから撤退しなければ戦争状態に入る、という通告です。独外相がうけとろうとしないので、英大使は通訳官の手にしっかりと通牒をにぎらせました。通訳官から報告をうけたとき、長い沈黙がその場を支配したといいます。やがてヒトラーは冷たく暗い眼を外相に注ぎ、一言、

「ヴァス・ヌン？（これからどうするつもりなんだ）」

と怒声で詰問したといいます。まさしく、イギリスが起つことはないと確言していたリッベントロップに、〝貴様の責任だぞ〟と本心から叱りつけた一言であった、と通訳官が手記にかいています。

一時間余り遅れて、駐独フランス大使も最後通牒を持参してきます。ヒトラーやナチスの

幹部たちの落胆は倍加しました。

三日昼すぎ、イギリス国民は首相の疲れきったような悲痛な放送に耳を傾けました。

「今日は全国民にとって悲嘆の日である。私にとっては痛恨きわまりない日である。（中略）いまからわれわれが戦わんとする相手は悪そのものなのである。私は正義が勝利を得ることを確信している」

そして国家総動員令が発せられます。

そういえば、チェンバレンは前日の午後に戦時内閣を組織することを決意していました。そして宿敵ともいえるチャーチルに入閣を要請することとして、辞を低くして頼みこんでいます。チャーチルは快諾、海相になることを希望しました。この報に、イギリス海軍の全艦隊は「ウィニー・イズ・バック（ウィニーが戻ってきたぞ）」と信号を交換して歓声をあげたといいます。チャーチルの名はウィンストン、つまりウィニーというわけです。

オーストラリアとニュージーランドもその日のうちにドイツに宣戦布告。第二次世界大戦がはじまったのです。

ロンドンでもパリでも、学童疎開はすでにはじめられており、そしてその夜、二つの首都では灯火管制が布かれました。国民は暗黒となった通りを眺めながら覚悟を固めました。

アメリカでは、ルーズベルト大統領が国民にその決意を告げます。

「私は米国がこの戦争に局外者でいられることを衷心より願う。わが政府が、参戦せざることに全力を傾けることを、強く、強く、私は約束する」

そしてこの場合、いちばん肝腎なのはスターリンです。英仏が対ドイツ宣戦を布告したと知らされるまで、一日、二日と周りのものに怒りをぶつけ、壁を蹴飛ばしていました。しかし宣戦布告したと知ったとたん、革命いらいはじめてといっていい微笑を満面に浮かべて、妻にやさしい言葉をかけ、

「これで完全に目的を達したぞ。私のために火中の栗を拾わされたのは、ヒトラーばかりではない。チェンバレンもダラディエも、そしていまにルーズベルトも……」

というと、壁面に飾られていた世界地図の前に歩みより、ポーランドを真っ二つにわける赤線を、力強くぐぐっと引きました。そして、

「ジューコフは命令を守っているだろうな」

といい、さも愉快そうに安楽椅子に深々と身を沈めたのです。

はるか東方、ノモンハンの戦場では、ジューコフはたしかに命令を忠実に守っていました。日本軍を撃破につぐ撃破で、モンゴル共和国が主張する国境の外にまで駆逐すると、それ以上に追撃せず、ピタと攻撃をやめ、九月一日からソ蒙軍は長大なその新たな国境線にそって、防衛線を強化するために陣地を構築しはじめていたのです。日本軍が誇る関東軍を叩きのめしたことで、彼もまた十分に満足していたようです。

◆大戦争どこ吹く風？

第二次世界大戦がヨーロッパに勃発したことは、遠い日本にどんな影響を及ぼしてくるか。平沼内閣総辞職をうけて八月三十日に成立した陸軍大将阿部信行を首班とする新内閣は、九月四日には「この欧州戦争の勃発に際して、帝国政府は、これに介入しない。ひたすら支那事変の解決に邁進をするものである」と宣言しましたが、結果として世界大戦がドロ沼化している日中戦争および日本の国情にやがては大きく影響してくるであろうことは、だれにでも予感できたことでありました。

東京大学法学部教授の南原繁氏が、その歌集『形相』に、「九月三日英国遂に対独戦線布告、仏これに倣ふ」と前書きした歌を残しています。時代を語るにいい歌なので引用することにします。

・目つぶりて屢々思ふこの日はや第二次世界大戦はとどろき起りぬ　九月一日

・息づまるごとき世界大戦の重圧を感じつつ部屋をわれ起ち歩く

が、はたして日本の民草は、南原教授のように、居ても立ってもいられぬ思いで、うろうろと歩きまわるほどに、ショックをうけたかどうか。じつは、とりあえずは揉みに揉んだ三国同盟問題も天津事件問題もこれでふっ飛び、九月十五日にはノモンハン事件の停戦協定も調印され、残ったのはアメリカからの日米通商航海条約廃棄の通告だけとなったわけです。ごたごたした政治はやっと落着きをとり戻したの思いです。まさかアメリカがイギリスと肩をならべて、正確にはイギリスに代って敵性国家の相貌をあらわにしてきた、とまでは察せられなかった民草は、ホッと一息つきながら、新聞紙上でドイツ軍のポーランド侵略の電撃作戦の行方を追っていた、そんなものでしかなかったかと思うのです。そして西部劇やミュージカルのアメリカ映画やジャズをいつもどおり楽しんでいました。

そして、これは『B面昭和史』でもふれたことですが、成立したばかりの阿部内閣は九月一日から毎月一日を興亜奉公日としてさっそく実施しています。「全国民が特に戦場の労苦を想い、自粛自省、的確に之を実際生活の上に具現し、一億一心、興亜の大業を翼賛し、以て国力の増強を図り、強力日本の建設に邁進する日」という趣旨できめられた日です。それゆえに、第二次世界大戦勃発が現実となったいまこそ、平和を愉しむようにたるんだ民草たちの気持ちを引き緊めなければならぬ。挙国一致、国民精神総動員、戦時下にあることをあらためて強く意識させなければならない、というわけです。

東京朝日新聞が興亜奉公日その日の東京の情景を報じています。

「去る七月七日の事変二周年記念日いらい、酒抜き、ネオン抜きの『歓楽街』を実現したのはこれが二度目のこと。『謹んで休業』の貼紙をしたビヤホールやバー、『午後十時限り』と『酒類の販売休止』等々を宣言した料理屋、待合、カフェー。ネオンの消えた銀座通りでは柳の緑がことさら美しく、また裏通りのカフェー街では退屈し切ったバーの女給さんが手相観の前にたたずむといった有様。（中略）ただ浅草六区の活動街だけは朔日の定休日を楽しむ人達で平常通りの賑いだった」（九月二日付）

また、『昭和天皇実録』には、この日、こう記載されています。

「天皇は、九月一日は震災記念日につき例年御昼餐は簡素な御食事とされてきたところ、思召しにより、この日より毎月一日は朝・昼・夕を通じて一菜程度の極めて簡素な御食事とすることを定められる」

こう断じてしまうと誤解を招くかもしれませんが、ドロ沼の日中戦争下の生活はいくらかは窮屈になってはきましたが、ドイツ軍のポーランド侵略が世界戦争の発端となっている地球上の由々しき事態を、日本の民草ははたしてどれほど正確に把握していたか、とやっぱり疑いたくなってくるのです。報道にたいするきびしい規制もあり、世界の動向が正しく伝えられていなかったゆえに、第二次世界大戦どころか九月十五日のノモンハン停戦協定すら上の空。ちょっとくわしい昭和史年表の世相欄を眺めていると、軍需景気もあって盛り場は前よりも人出でごった返し、愉快に遊び呆けていたのではあるまいか、と思われてくるばかり。司馬遼太郎さんに直接聞かされたことがあります。「大阪ではノモンハン事変のこと、それも二十三師団が大敗したなんてことは、ほとんど話題になっていませんでしたな」と。

たしかに、一部輸入関係物資の品切れの予想はあったでしょうが、民草の消費生活の不足はまだまだ実感としてはそれほど迫ってはきておらず、軍需景気をエンジョイしていたといっていいのです。

でも、そう思ういっぽうで、永井荷風『断腸亭日乗』九月四日にはこんなこともかかれています。それで、オヤオヤと思い直すところもある。

「六区の興行物はオペラ館のみならずいづこも興味索然、看るに堪えざるものとなれり。看客及び散歩の人々も去年に比すればその風俗次第に変化し、人をして時代の推移を感ぜしむること頗深刻なるものあり。東京下町の風俗人情には今や何等の詩趣もまた何等の特徴をも認ること能わざるに至れり」

とすると、民草も国家が危機的状況に追いこまれつつあることをあるいはきちんと意識し、世情はすでに大戦争前夜のような殺伐さを示していたのかな、とも思いたくなってくるのですが。いや、そのいっぽうで徳川夢聲の朗読による吉川英治の『宮本武蔵』のラジオ放送開始（九月五日）に大喜びして、時勢の推移よりそっちのほうに耳を傾けていたのです。さてさて……？

＊1――国境紛争百六十六の内訳は、やや大きな戦闘6、銃撃事件26、小さな国境侵犯22、ソ連機の上空侵犯25、宣伝ビラなど強迫事件24、ソ連船の水域侵犯20、そのほか農民などの国境侵犯44、ということであった。その大部分の衝突はアムール川、ウスリー川、アングル川で発生した。

＊2――中国政府はこの独ソ不可侵条約の締結を好意的に迎えている。理由は、この条約がソ連を強化し、間違いなく日本に打撃を与えることになるからである。ただ、このあと、日ソ不可侵条約が締結されるのではないか、あるいは日英条約が結ばれるのではないか、と観測し、「もしイギリスが日本とうまく話をつけるようなこととなれば、中国がいまいろいろな軍備を受けとっている数少ない港が閉鎖されることになって、由々しきことになる」と駐ソ中国大使はソ連政府に、しきりにそのようなことにならないようにと訴えかけていたという。

第六話

昭和史が世界史の主役に躍りでたとき

昭和十五年

この章の
ポイント

一九三九（昭和十四）年にはじまった第二次世界大戦は、銃火を交えない牽制状態がしばらく続きました。翌年、日本国内では軍部の圧力によって、議会での戦争に対する疑問の声が封殺されました。四月、ドイツはデンマークとノルウェーへ侵攻し、六月にはパリを陥落させます。続くイギリスへの侵攻では苦戦しますが、ヨーロッパで圧勝するドイツについていこうと日本は三国同盟締結を急ぎます。この軍事同盟は、中立だったアメリカが世界大戦へ参戦する動機を与えてしまいました。

キーワード

まやかしの戦争／冬戦争／パリ無血占領／バトル・オブ・ブリテン／
無差別爆撃／ヨーロッパ新秩序／東亜新秩序／松岡洋右／
オットー駐日大使／三国同盟調印

◆独ソでポーランドを分割

世界の軍事史で初めて展開された空軍と機甲兵団による電撃攻勢で、ポーランド軍は疾風に散乱する枯葉のように追いまくられました。惨劇はそれだけにとどまらず、昭和十四年（一九三九）九月十七日には東部国境線からソ連軍も侵入を開始し、こちらはポーランド軍が予期せぬゆえに、無人の野を往くごとくに東部一帯を席捲していったのです。

首都ワルシャワがドイツ軍によって占領されたのが二十七日。対独戦におけるポーランド軍の戦死者七万人、戦傷者十三万三千人。たいするドイツ軍の戦死者一万一千人。翌二十八日には、リッベントロップ外相がスターリンに招かれて、再度訪ソし、独ソ両国はポーランド分割協定を微調整して、あらためて結びます。ドイツ軍の電撃作戦があまりに見事に進んだので、はじめに決めていた分割線の東方にまで、占領地域が及んでいたからです。しかし、その協議をはじめる前に、二十八日付で両国政府の驚くべき「声明」が世界に公表されました。

「……ドイツと英国・フランスの間に生じている戦争状態を終結させることが、すべての民族の真の利益に即応するであろうという見解を表明する。独ソ両国政府はそれゆえに、場合によっては他の友好国と協調して、両国政府の共同の努力を、この目標を可能なかぎり速やかに達成することに向ける。（中略）戦争が継続される場合には、ドイツとソ連の政府は、必要とされる有効な措置について協議するであろう」

ところが、イギリスもフランスもこんな独ソの無法な侵略を正当化し、さらに脅迫しているともいえる声明にうんともすんともいいません。

もとはといえばフランスは戦争をはじめから望んではいなかった。ミュンヘンの妥協で、東方政策は終結したとし、ポーランドに関してはいわばお義理で動いたまで。仕方なしにイギリスの強硬な宣戦布告につき合ったにすぎなかったからです。ヒトラーのナチス・ドイツを敵として全面戦争に突入するのは、第一次世界大戦のくり返しになりかねないと、はじめから逡巡しました。ですから、九月二十二日にはポーランド戦線から絶望的な報告が伝わると、フランス軍は対ドイツ攻撃計画をすべてご破算にしていました。

では、イギリスはどうであったか。こちらもまたおかしな戦闘態勢をとっていたようで、ちょっと開いた口が塞がりません。イギリス空軍はドイツ上空にたしかに飛来してきていることはいましたが、宣伝ビラを投下するだけ。あれでは「マイン・パンフ」（わが伝単）であるとか、「紙吹雪戦争」にすぎないといったジョークが飛び交っていたというのです。ソ連軍がポーランド東部に侵攻したときも、両国はおよそ我不関焉で、冷淡そのもの。チェンバレン政府は「さしたることにあらず」と、休暇でロンドンを離れていた首相と外相ぬきで閣議が行われ、躍起となるチャーチル海相を閣僚がみんなで抑えつける、といった有様でした。

ただし、現実には、ドイツの西部国境線には、英仏の兵力百十個師団が集結していたのです。これにたいし、ドイツ軍は二十三個師団がやたらに広く展開しているだけ。歴史に「もしも」

はありませんが、英仏連合軍が周到に作戦計画を練り本気になって攻勢にでたならば、ドイツ軍はひとたまりもなかったのではないか。ヒトラーもじつのところそれを認め、そのことを恐れていたのですが。それゆえに史書は共通して互いに戦いを宣しながらその後も銃火を交えようとしない「まやかしの戦争」（Phony War）とよんでいるわけです。

　スターリンとリッベントロップの協議はそのまやかしの状勢にうまく乗っかった形で、とんとんと進められました。スターリンの提案は、すでにドイツ軍が占領してしまった地域はドイツに委ね、バルト三国のいちばん南に位置するリトアニアをそのかわりにドイツがソ連に委ねるというものでした。ベルリンに連絡してヒトラーのOKをもらい、リッベントロップはスターリンに「もちろん、バルト沿海三国（エストニア、ラトビア、リトアニア）は差し上げます」といい、スターリンはいっぺんに相好を崩しました（これら三カ国は翌年初夏にはすべてソビエト社会主義共和国連邦に組み入れられました）。

　三宅正樹『スターリン、ヒトラーと日ソ独伊連合構想』によると、さらに二人はこのとき日本についても話し合ったということなのです。リッベントロップは、ご機嫌のスターリンをみてとって、日本軍部がノモンハン事件停戦後のソ連とのさらなる親密な和解を希望している、ついては、共同声明の終りのところに、日ソ和解の意思表示をかきこむことにしては、と提案します。しかし、スターリンはこの提案をにべもなく拒否しました。第一に、わが情報網によれば日本に和解の意思はこれっぽっちもない。第二に、スターリンはリッベントロップよりはるかにアジア人のことを知っていて、日本人という連中が真に服するのは力だけ、言葉なんか関係ない、といい捨てました。ドイツ外相にはひそかに抱いているある魂胆〔四国同盟〕があったのですが、スターリンはてんからうけつけようとはしませんでした。

◆冬戦争と〝神ってる〟出来事

傍題を昭和十五年としながら十四年の、昭和史とあまりかかわりのないヨーロッパ情勢をいささか長々とかきましたが、もう少しつづけなければなりません。やがて、それが日本に大きく影響を与えることになるので、やむを得ないことと了解して下さい。

十月五日、ワルシャワにわざわざ赴いたヒトラーは、占領軍指揮官の一人のロンメル少将を傍らにはべらせ、ドイツ軍部隊の大々的な祝賀パレードを観閲したあと、外国人記者団にこう豪語しました。ビーヴァー『第二次世界大戦』を引用します。

「紳士諸君！　きみたちはワルシャワの廃墟を見たはずだ。いまだに戦争を続けようと考えているロンドンとパリの政治家たちに、警告として諸君の見聞をきちんと伝えてくれたまえ！」

敵国の首都で戦勝観閲式を行ったのはヒトラーにとってはこれが最初であり、最後の儀式ということになります。そしてすぐにベルリンに戻ります。翌六日、ヒトラーはドイツ国会で演説し、英仏両国にむけて「平和の呼びかけ」を行いました。

「私はフランスにたいして一片の敵意も抱いてはいない。さらに、ドイツとイギリスが理解し合えば、ヨーロッパと世界に、真の平和がもたらされるであろう」

英仏両政府とも、さすがにヒトラーのかかる甘言に惑わされることはなく、まったくこれを無視します。さりとて「まやかしの戦争」が正真正銘の戦争となったわけではなく、国境線で睨み合っているドイツ軍と英仏連合軍の歩兵の間では、ドロップやチョコレートやボンボンをたがいに投げ合ったりしていたといいます。のどかなものであったのです。

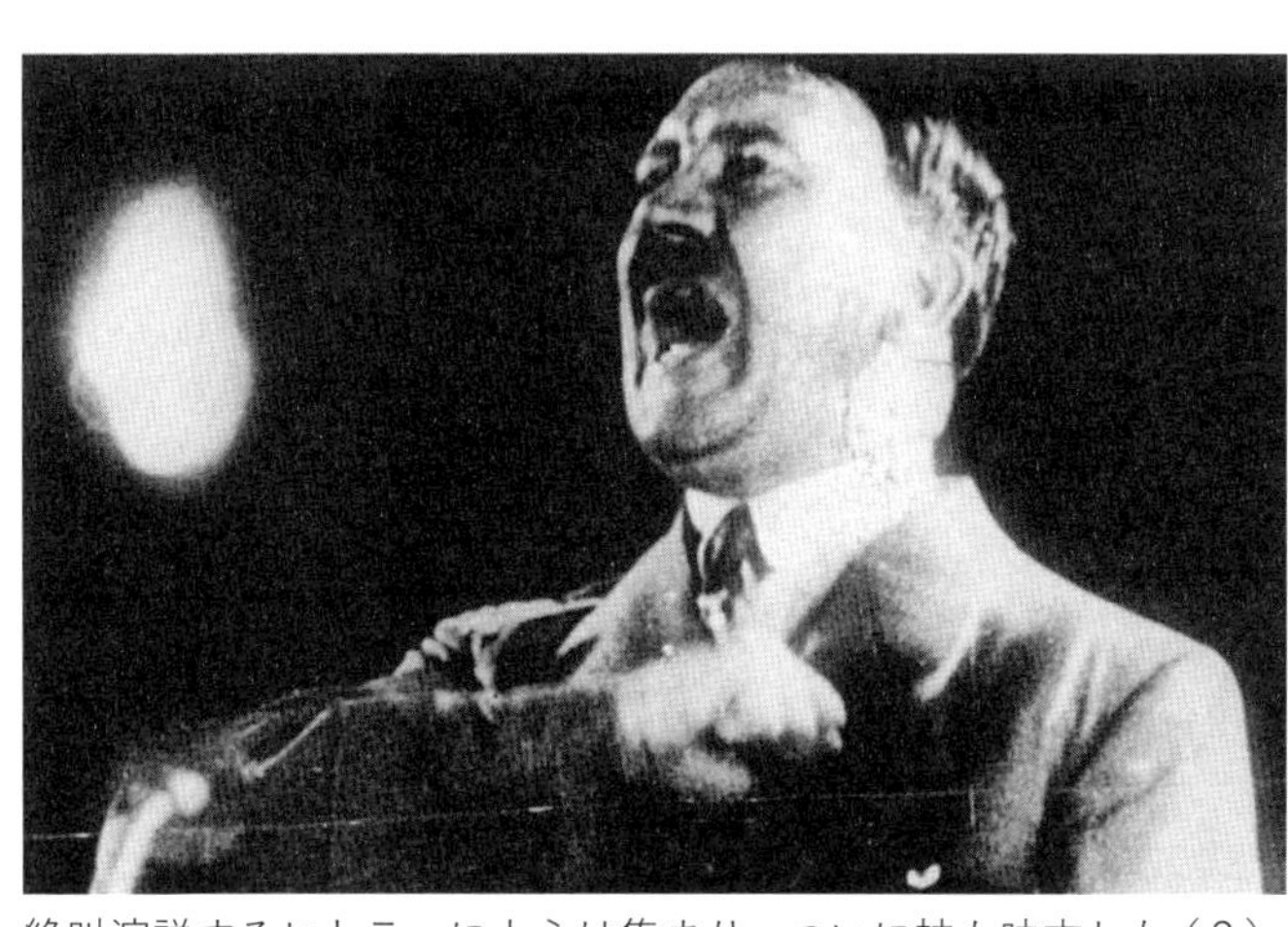
絶叫演説するヒトラーに人心は集まり、ついに神も味方した（？）

これとほとんど時を同じくして、いっぽうのスターリンは領土拡大の野望をむきだしにしました。ヒトラーのワルシャワでの観閲パレードが行われていた十月五日、まさにその日にソ連政府はフィンランド政府にたいして、外交使節をモスクワに派遣するように要請します。その外交使節が一週間後にうけとったのは、まことに理不尽で無道な要求の箇条書でした。ハンコ半島の租借にはじまり、ルイバチー半島の一部とペッツァモ港、さらにフィンランド湾に浮かぶいくつかの島々の管理権などをソ連側に引き渡すこと、その見返りとしてソ連領カレリアの北部に広がる無人地帯をフィンランド側に進呈する用意がある、というものでした。

返答や如何？　と迫られてフィンランド政府がハイハイと首を縦にふるはずはありません。これでは自国の領土の掠奪ではないか。モスクワでの交渉は十一月十三日までつづいたといいますが、ソ連側は終始高飛車で、いやなら戦争だと使節団をぐんぐん追いつめます。戦端をひらく正当な事実がなくともまったく意に介しません。スターリンはいまのフィンランドにはどこからも支援はなく、また政府と軍部には戦争の覚悟もないと頭からきめこんでいたのです。フィンランド政府はドイツに助けを求めましたが、なんと、ナチス政府の返答は「貴国はソ連に当然のこと譲歩すべきである」との助言でありました。

十一月二十九日、ソ連はフィンランドとの外交関係を断絶。翌三十日、レニングラード軍管区の赤軍部隊が攻撃を開始し、爆撃機が首都ヘルシンキに爆撃を強行しました。いわゆる「冬戦争」がはじまったのです。フィンランドはかならずはかない抵抗をしてくる、叩き潰すチャンスだと、スターリンの思惑どおりでした。国際連盟はソ連邦を除名しましたが、やったのはそれだけ。ちなみに、このことがこの国際平和機関の最後の仕事であったといいます。あとはあってもなきが如しとなりました。

ところが、ソ連国防委員（国防相）ヴォロシーロフが、スターリンの六十歳の誕生日にあたる十二月二十一日まですべては終る、と胸を張って確言した楽勝の夢は、たちまち霧散しました。総兵力は二十万にすぎませんが、高い文化と果敢な抵抗精神をもつフィンランド軍の防衛戦は、あっぱれの一語につきます。ソ連軍を深い森林地帯に誘いこんでおいては、スキー部隊が縦横に走り回ってはこれに奇襲を加え、抵抗の余裕を与えず撃破したのです。のちにフルシチョフが『回想録』で、ほぼこんな風にいっています。

フィンランド人は赤ん坊が歩くのを覚えるより先にスキーを覚えた。この高速自動ライフル銃を装備したスキー部隊に、ソ連軍は手も足もでなかった。ソ連兵にもスキーをはかせたがまったく役立たずで、そこで専門のスキーヤーを駆り集め送りこんだが、意気揚々と出発した彼らはほとんどが還ってこなかった、と。

この「冬戦争」における小国フィンランド軍の猛奮闘と善戦とに、世界の国々はあげて拍手を送り、理不尽なソ連の侵攻を非難しました。

そのなかにあって、ヒトラーは神はつねにわれわれに庇護を与え給うてくれる、つまり神意はわれにありと強く確信できる事件に遭遇していたのです。十一月八日午後八時、ミュンヘン一揆の前夜に檄をとばした記念のビヤホールで恒例の演説をしました。ところが、急用ができてベルリン行きの特急夜行列車の時間に合わせるために、彼は演説をいつもより三十分ほど短くして終え、会場を立ち去る。と、その十三分後に、演壇背後の柱にしかけてあった爆弾が爆発、古参党員七名が死亡し重軽傷者六十三名、という惨事が起こったのです。

じつのところ、この「冬戦争」のソ連軍の大苦戦と、ヒトラーの〝神ってる〟奇蹟的命拾いが、昭和史に大へんな影響を与えることになった、とわたくしは考えています。それで少しくわしくかいてきたのですが、いくら何でもそれは探偵の勇み足だと否定する人も多いでしょう。が、一人の人間の強烈な、そして一途な思いこみによって動かされてしまう歴史の流れの微妙さは、安倍首相の憲法改正へのやみくもな突進を事実として知っているわたくしには、あまりバカにはできないですよと思えるのです。

その証として、邦訳未刊行のドイツの新進歴史家フライシュハウアー『「バルバロッサ作戦」に対する外交の抵抗』に基づいて三宅正樹氏がかいているヒトラーとゲーリングの会話がとてつもなく面白いので、長く孫引きさせていただきます。

「しばらく後にヒトラーのソ連攻撃計画を知ったゲーリングはヒトラーに、これほど短い間にソ連についてのあなたの意見を変えさせたのは何であったのかと質問した。それは何よりも第一にフィンランドであった、とヒトラーは答えたという。さらにヒトラーは、この戦争がソ連軍の弱体ぶりをさらけ出しただけではなく、ソ連の好戦的な攻撃計画をもさらけ出したと述べ、ドイツが西部戦線で手詰まりになれば、〔東から〕ソ連が攻撃してくるものと考えなければならない。自分はソ連の軍事力が危険なものに成長する前にこれを粉砕したいのだと言った」

まったく驚くほかはありません。冬戦争がはじまった直後の誕生日にあたっての祝電に答えて、スターリンはヒトラーにこう返電しました。「ドイツとソ連の国民の血に結ばれた友情は、堅固で永続するあらゆる理由をもっております」。そんなことはヒトラーの念頭からはアッという間に消え失せていたのでしょう。〝血に結ばれた友情〟もへちまもあるものか、つぎの攻撃目標はソ連だと洒々といっているのですから。

政治家の決断とは、近松門左衛門の名言ではありませんが「虚実皮膜の間にあり」で、政治家が本気で何を考えているか、その実と虚の見分けをするのは、容易にはできかねるということなのでしょう。

もう一つ、十一月二十日、ヒトラーは軍首脳を集合させ、「戦争指令第8号」を発令、オランダ、ベルギーの電撃的占領準備を命令しました。そしてこうきびしく訓示します。

「ドイツの運命は、かくいうヒトラーひとりにかかっているが、この私はいつ暗殺されるかわからない。輿論は私が闘争を好みすぎるというが、民族が生き残るためには常に戦わねばならない。ドイツは生活圏を必要とするが、それは武力によってのみ獲得できる。ビスマルク、モルトケにしても非情性が足りなかった。好機を逸せずに敵を徹底粉砕せねばならぬ。英仏の脅威を完全に排除してドイツは初めて安泰となる。軍の使命は戦うことにある」

ヒトラーは、このあと〝やがてソ連邦も徹底粉砕〟とここでもいいたかったのではないか。しかし、いまはやめておこう、と考えた。そう思えるのです。

海軍出身、親英米派の米内光政（1880–1948）率いる内閣は敵を増やしていった

◆無力な米内内閣の成立

さて、昭和十五年（一九四〇）となりました。パッと昭和史へと飛びます。前年の暮の十二月二十六日に衆議院議員二百四十名余が内閣不信任案を議決し、それに発して軍部も完全にソッポを向いて、阿部信行内閣はまったく何の成果らしい成果をあげず一月十四日に総辞職に追いこまれてしまいました。わずか四カ月半という短命内閣で、陸軍の長老宇垣一成大将は「無定見、出鱈目」と酷評しています。そしてあとをうけたのが海軍大将米内光政内閣（一月十六日成立）。

しかし、米内首相、外相有田八郎の登場には陸軍ははじめから猛反対でした。なぜなら新内閣の標榜する政治方針――「新体制」とかいうものには反対、あくまで立憲的に行動する。ドイツとの軍事同盟には絶対反対。欧州戦争の渦中に巻きこまれることを避けて静観、妄動しない。米国との協調に真剣に取り組む」ことは、軍部とくに陸軍の主張する「外交の転換と国内新体制」のスローガンには邪魔になることばかり。陸軍はさっそくにも内閣打倒の策謀をめぐらしはじめます。

と、折も折から内閣を困惑させる事件が生起しました。ホノルルから横浜に向けて帰航中の日本郵船の客船「浅間丸」が、イギリスの駆逐艦に停船を命じられ、ドイツ人船客五十一人のうち兵役に関係ある二十一人が連行されてしまったのです。国際法上はイギリス側に違法な点はなかったのですが、このことが外務省から公表されると、天津事件いらいくすぶりつづけていた排英・反英運動にふたたび火をつけました。右翼ナショナリストたちはいっせいに蜂起、新聞も軍の指導のままに「この敵性！　この挑戦！　英国を撃て！」「対英媚態をやめ、断乎！交戦権を発動せよ！」と輿論を煽り立て、できたばかりの内閣の米英国交調整の政策など吹き飛ばしてしまいました。グルー米大使の日記はその様子をずばりと記しました。

「日本全国の感情的愛国心と好戦主義とが、解き放たれた」

内閣参議であった末次信正、松井石根の陸海軍の大物と、外務省の重鎮松岡洋右が、いっせいに留任拒絶を表明。なかでも松岡は、陸軍がつぎはこの人と早くも期待をかけている近衛文麿邸にわざわざ訪れて、大いにまくし立てて、いわば売りこみをはかるといった調子でした。松岡はこう弁じたといいます。

「いまどき八方美人的外交などあり得るはずはない。（中略）米国の主張に屈して支那事変以前に立ち還るのではない限り、日米関係の将来は衝突という事態に立ち至ることは免れないと思う」（近衛文麿『平和への努力』）

その数日後の一月二十六日、日米通商航海条約が完全に失効し、対イギリスばかりではなく、日米関係もいっぺんに険悪化します。日本の国民感情は反米・反英に傾くいっぽうとなり、親英米派つまり米内内閣の評判はガタ落ち。それでなくとも敵対視する勢力が多く、いつ倒れてもおかしくはない状況に早くも立ち至っていました。なんともはや、ヨーロッパ情勢を離れて、日本に視線を向けたとたんに、この状況ではかきすすめるのはどうにも楽しくなくなりますが、もう少しつづけます。

じつは、この昭和十五年は、初代の神武天皇の即位の年を元年とする日本独自の年号で数えると皇紀二千六百年で、全国民があげて祝うべき記念の年でありました。しかし、この内外の険悪化するいっぽうの政治情勢下では、はたして目出たい年であったかどうか。二月二日には、帝国議会で代表質問が行われ、民政党の斎藤隆夫議員の陸軍にたいする二時間にわたる弾劾演説が大騒動を惹き起こします。

「ただいたずらに聖戦の美名に隠れて、国民的犠牲を閑却し、いわく国際正義、いわく道義外交、いわく共存共栄、いわく世界の平和、かくの如き雲をつかむような文字をならべ……（中略）支那事変がはじまってからすでに二年半になるが、十万の英霊をだしても解決しない。どう戦争解決するのか処理案を示せ」

圧力も恐れぬ命がけともいえる斎藤の激烈な詰めよりに、陸軍中央部は「聖戦目的を批判した」と激昂します。しかし斎藤は「だれが何といおうと俺は議員を辞任しない。文句があるなら除名せよ」と堂々と啖呵をきり、後日、その希望どおり「除名」されてさばさばとして議場を去っていきました。斎藤の別れの一言が意味深長です。

「奈落の底だよ」（朝日新聞　二月四日付）

もちろん自分のことをいっているのではない。この日本という国家のおかれている状況を指しているのです。『昭和史』にも『B面昭和史』にもかいたことですが、議会政治はいまや言論の自由も許されないほど形骸化してしまったことを示すこの名演説のことを、やっぱり抜かすわけにはいきません。

しかし、そのいっぽうでこの反戦演説事件がもたらしたものは、となると、まことに情けないものであるのです。衆議院には「聖戦貫徹議員連盟」なるものが結成され、この非常時に及んでは全政党が解散、与野党もない強力な一大政党を結成すべきである、体制を根本的に刷新すべきである、つまり米内内閣打倒の動きががぜん活発となりました。一言でいえば、斎藤演説はせっかくアメリカとの協調を何とか回復しようと努力する米内内閣の命運を尽きさせる結果となった、というわけです。歴史とは皮肉なもの、同じ歎きをくり返さざるを得ません。

◆アッという間のパリ陥落

三月十二日、ソ連とフィンランドの和平条約が締結されました。フィンランドにとっては条件的には不満でありましたが、ともかく自国の独立を決然として守りぬいたことを全世界に示した、そこに大きな意義を認めて調印することにしました。ソ連軍の戦死者八万四千九百人余、たいしてフィンランド軍は二万五千人余。スターリンにとっては何とも納得できぬ戦いでした。フィンランド人共産主義者による傀儡政権の樹立、という当初の目論見を引っこめるほかはありません。さらには自分の意のままになるヴォロシーロフ国防相を辞めさせ、チモシエンコをその任につけることとなり、また収容所に入れていた少なくとも四千人の高級将校を、背に腹はかえられず釈放し軍務に戻す書類にサインをせねばならなかったのですから。

もちろん、すべての情報はヒトラーのもとに達しています。そして容易に想像されるように、スターリンおよび劣弱化したソ連軍にたいする侮蔑の感情が彼の胸中により広がっていきました。ソ連軍には、しっかりと指揮された近代的な軍隊と戦える能力はないのではないか。その逆上せ上がった気持ちゆえ、と断定するわけではありませんが、イギリス軍の先行上陸をだし抜く意味から四月九日、突然にドイツ軍はデンマークとノルウェーへの攻撃を開始しました。例によって陸上では戦車主力の機甲部隊、空からは戦爆連合の大編隊による攻撃という電撃作戦で、デンマークは国王が抵抗を禁止し、わずか三時間余で降伏、ノルウェーは英仏連合軍のわずかな支援をうけて果敢に抵抗しましたが、六月十日に降伏しました。

それ以前の四月二十七日、ヒムラー内相が「アウシュヴィッツ強制収容所」をポーランドに建設する命令を発し、五月四日には親衛隊の首席警備隊長ヘス大尉がその所長に任命されています。そして北海を制圧して背後を安全にしたドイツ軍は、五月十日、こんどは機甲部隊と空爆編隊を主力に、いっせいにオランダ、ベルギー、ルクセンブルクの三国に侵攻しました。

かねてから十分に研究されていた「黄色作戦」（西部侵攻計画）がいよいよ実行に移されたのです。英仏とドイツは睨み合った「まやかしの戦争」のまま、世界大戦は拡大しないのではないか、近く和睦するのではないか、という世界の人びとが描いた幻想は消し飛んでゆきます。
ドイツ軍の電撃作戦は、ここでも世界戦史にかつてみられぬほどの鮮やかさを示しました。五月十四日、オランダ降伏、十七日にはベルギーの首都ブリュッセルが陥ちた。その上にフランスの防衛線であるマジノ線を突破したドイツ軍は、英仏連合軍をドーバー海峡に追いつめた。五月末日は三十万のイギリス軍をダンケルクから辛うじて撤退することを許した。そして六月十四日、パリを無血占領。二十二日、フランスは第一次大戦の勝利の思い出の地コンピエーニュの森で、ヒトラーの軍門に下った。連合軍十三万五千人にたいして、ドイツ軍は二万七千人という戦死者の割合からみても、ドイツ軍の圧倒的な勝利であったことがわかります。
と、よく知られているであろうことゆえに、トントントンと戦況をかいてしまいましたが、くわしくわけ入ってかけば、たとえばマジノ線突破の内実など、さまざまな驚くべき事実も多いのです[*1]。が、すべて略して、ここにはジョンソン『現代史』（上巻）の一部を引用します。

「軍需相のアルベルト・シュペールによれば、急降下爆撃機シュトゥーカにサイレンをつけることを思いついたのはヒトラーだった。これは電撃戦に心理的パンチ力を加えたみごとな一例である。（中略）戦車の砲身を長くすることもその一つ」

こうした戦術的な図抜けた創意工夫が、連合国の将兵にショックから立ち直る隙を与えなかったのです。字義どおり疾風怒濤の勢いで、連戦連勝。

「ドイツの勝利は本質的には頭脳の勝利である。（中略）両陣営はそれぞれ歴史上まったく異なる時代に属しているかのようにみえた。われわれは長年の植民地拡張のうちに、投げ槍対ライフルの感覚で戦争をとらえる習慣がしみついていた。しかし今回、未開人の役に回っているのはわれわれのほうである」

と、フランス軍の特務大尉として戦った経験をもつフランスの歴史家ブロックはその著『奇妙な敗北』に、致命的な数週間の記録をかいています。

そしてイギリスでは五月七日に、チェンバレンが首相の座を退き、十日にチャーチルが国防相も兼任して首相となっています。その決断力、行動力、雄弁の才はよく知られ、イギリス国民がひとしく待望していた人物の登場です。遅きに失した感さえあります。そして就任三日後の演説は、二十世紀を代表する名言の一つ「血と労苦と涙と汗」を残しているのです。

「私は、血と労苦と涙と、そして汗以外に、捧げるべき何一つもっていない。（中略）諸君は、政策は何かと尋ねられるであろう。私は答える――海で、陸で、また空で、神がわれわれに与え給うたわれわれの全力をあげて、戦うだけである」

けれども正直な話、そのチャーチルでさえ、イギリスの力だけではドイツに勝てないことを知っていました。世界の人びとはひとしく、早晩アメリカ合衆国が介入してきてくれるだろうと考え、またそれを願っていたのです。パリ陥落を知ったあとの六月十八日、さらにチャー

国民の待望のすえ1940年、チャーチル（1874–1965）は首相に就任した。戦艦レパルス艦上にて

チルは熱に浮かされたように演説します。

「もしわれわれが敗れれば、世界全体が、アメリカも含めて、新たな野蛮の深淵に落ちこむであろう。だから目覚めよう、そして強烈な義務感をもとう。後世の人々から『あれこそがイギリス人の歴史のもっとも美しい時期であった』といわれるように振舞おう」と。

が、チャーチルによって仲間に「含め」られた当のアメリカは？　六月初旬、息も絶え絶えのフランスが必死に援助を要請したとき、ハル国務長官は「異常な、ヒステリックというべき懇願など聞く耳をもたない」と冷たく一蹴していたのです。そしてまた、駐英アメリカ大使ケネディはチャーチルの要請にこういい捨てたといいます。

「援助を期待してもそれはゼロだと私は最初から申し上げている。援助はしないし、できない。物資にしてもわけてやる余裕はない」

それくらいアメリカ第一主義は徹底し、中立政策保持の輿論が強かった、というわけです。まさしく得意絶頂のときにあったヒトラーが、このアメリカの孤立主義を好機とみなし、イギリス本土上陸作戦（アシカ作戦）の準備を国防軍に指示したのは、七月十六日のことでした。

「イギリスは、すでに絶望的な軍事情勢下にあるにもかかわらず、いまなお和解を覚悟した兆候を少しもみせない。それ故、余はイギリス上陸作戦を準備し、その必要あるときは、これを実施する決意を固めた」

このときスターリンは何を考えていたか。はっきりいって彼は、ヒトラーが英仏に完全に勝利をおさめる前には、東と西と二正面作戦の冒険をおかすことはまさかあるまい、とタカをくくっていたのです。ですからフランスの降伏にはいささか警戒したことはしたのですが、なおも独ソ不可侵条約を信ずる気持ちのほうが強く、戦争にはおかまいなく、条約で許される範囲での領土拡張、すなわち沿バルト海諸共和国に共産党の支配する政府をつくらせることにせっせと精出していたのです。

◆「バスに乗り遅れるな」

ところで、わが日本は――、ヨーロッパ戦線でドイツ軍の電撃作戦の破竹の勢いがつづいているとき、五月十一日から二十一日にかけて早くも日本海軍中央は大々的な図上演習を極秘裡にやっているのです。軍令部が中心となり、山本五十六大将の連合艦隊司令部には知らせず、それでも海軍省、航空本部、艦政本部の主要参謀たちが参加した大規模なもので、その狙いはオランダ領印度支那（蘭印＝現インドネシア）の石油などの資源獲得作戦の実行にありました。予想どおりドイツ軍はオランダを降伏させた。その植民地である蘭印はいまや主なき空き家同然。この機に乗じて日本が資源を求めての軍事行動を起こせばどうなるか、それがテーマでありました。戦史叢書の海軍の『開戦経緯』（第一巻）にはこうあります。

「企図を秘匿しながら応急戦時編成（平時と戦時の中間編成）の艦隊をもって、海軍独力でパラオ群島方面から、まず蘭領ボルネオの油田地帯およびニッケル鉱産出のセレベス島など、蘭印の資源要域を占領する。勢いイギリスおよびアメリカが日本に対し参戦し、対英米蘭三国作戦のやむなきにいたり、英領マレーの攻略並びにハワイを根拠地とする米太平洋艦隊に対する長期作戦へと発展する」

演習最終日の二十一日の研究会の結果は、以上のとおり長期戦しかも大戦争となってしまう。しかし、それを承知で、海軍は蘭印攻略をあえてやるか。

「海軍は開戦後二カ年半の作戦所要を賄い得る燃料を貯えているが、米英の全面禁輸を受けた場合、四、五カ月以内に南方武力行使を行なわなければ、主として燃料の関係上戦争遂行が出来なくなる」

つまり、それが図上演習の結論でした。「極めて有益なる」と軍令部は自讃したようですが、要は、日本がアメリカから石油の全面禁輸をうけた場合、四、五カ月以内に開戦、という現実が明らかになったことでした。つまり南方に手を出すことは戦争を覚悟せねばならない、ということです。事実、このあと昭和十六年八月一日にアメリカの対日石油禁輸という強硬政策に直面し、「こうなったら戦争だ」と軍令部作戦課の参謀が叫びます。このときの日本の貯油量は九百四十万トン（陸軍八十七万トン、ほかに民間貯油も含む）。で、ご存じのように四カ月後の十二月八日に対米開戦へ。まさに図上演習の結論どおりでした。

国際情勢の変動にたいして外務省より開明的であったとされている海軍ですらが、すでにドイツの勝利の連続に、いわゆる「勝ちに乗じる」といっていい動きを示していたのです。

こうしたときに、陸軍中央部やその宣伝機関と化している新聞がどこよりも活気づかないわけはありません。この年の大流行語「バスに乗り遅れるな」が、日常の挨拶語のようにいわれだしたことも不思議ではありません。民草のほとんどが新聞に煽られて目がくらくらとしてしまったといってもいい。

参謀本部は六月に入ると東南アジアの各地のいざというときの兵要地誌を作成するために、

作戦および情報担当部員を一般商社員の資格でぞくぞくと派遣しはじめます。陸軍中央部では「南進論」がいまや声高に叫ばれています。ドイツ軍のヨーロッパ制圧を千載一遇の好機として、主を失った東南アジアの植民地へ一日も早く進出すべし、という他人の褌で相撲をとるような、と形容してもいい主張ですが、それが政略戦略の主流となっていました。アジアの資源地帯を手に入れる。間違いなくやがてヨーロッパにはドイツが君臨して新秩序が形成されるであろう。そしてアジアはわが国が盟主となって新秩序をつくる、機会を逸すべからず、それが「バスに乗り遅れるな」ということの意なのです。

しかし、そのためにも米内内閣が邪魔なのです。ヨーロッパ戦争不関与、米英協調を第一義の政策とするこの内閣ではバスに乗り遅れるのは目にみえています。その上にドイツのオットー大使がやたらと日本政府に接近し、またしても軍事同盟問題をもちかけてきました。米内内閣はそれにも目もくれません。輿論の後押しもうけて陸軍中央部はついに堪忍袋の緒を切りました。政治介入というような生やさしいことではなく、邪魔になる内閣を、いかに天皇の信任が厚かろうが知ったことではないと、正面から叩き潰しにかかります。右翼も米内首相暗殺を計画した未遂事件を起こします。*2

こうした緊迫した状況下で、七月十六日朝、何の理由もなしに畑俊六陸相が辞表を提出しました。米内は「陸相後任を出すように」と求めましたが、陸軍中央部は「後任になる人はいない。選定は至難である」とニベもない返事で突き放します。二・二六事件後、広田内閣が

「軍部大臣現役武官制」を復活させたため、当時は閣僚がいないと内閣は崩壊しましたので、陸相のいない米内内閣は辞職しないわけにはいかなくなる。やむを得ません。この夜、米内は辞表を天皇に奉呈して内閣は総辞職しました。

戦後になって、米内は東京裁判でこのときのことを証言しています。総辞職したあと、畑陸相を部屋によんで、米内はこういったというのです。

「貴下の立場はよくわかる。苦しかったろう。しかし、俺は何とも思ってはおらぬよ。わかっている。気を楽にして心配するな」

畑は黙って淋しく笑っただけ、といいます。でも、恐らく米内も畑も、つぎにくるものが何であるか、口にはださないが痛いほどわかっていたのではないでしょうか。それは日独軍事同盟であり、南方進出であり、結果として対米英戦争へと転げこんでいく道であろうと。げんに十六日には、陸・海・外務三省のあいだで、日独伊提携強化策なるものが審議されていたのです。それは、日本の参戦が義務とはならない範囲で、日本とドイツは最大限に提携するという内容のものでした。

◆英本土上陸作戦成るか

米内内閣が倒れ、第二次近衛文麿内閣が輿論の大歓迎をうけて成立します（七月二十二日）。その三日前の七月十九日、ヒトラーは国会で最後の対英和平提案の大演説をやっています。べルリン生まれのジャーナリストのフェストのかいた大冊の評伝『ヒトラー』（下巻）から少し長く引用します。ヒトラーは滔々と述べました。

「戦争のため、世界にまたがる大帝国が崩壊するであろう。これを絶滅することはおろか、これに傷をつける意図は私にはさらになかった。だが、この戦いをつづけると、闘う両者の一方が完全に破壊することを私は知っている。チャーチル氏はそれがドイツだと考えているかもしれない。だが、私はそれがイギリスであることを知っているのである」

そしてゲーリングを特別の国家元帥に任命するとともに、十二人の将軍を元帥にし、ほかにも多数の軍人を昇進させ、ドイツの軍事力の強大さをヒトラーは鼓吹してみせました。ヒトラーは、イギリス帝国を温存するかわりに、ヨーロッパにおけるドイツの自由行動を認める、という寛大な条件を示せば、イギリスは渋々であっても和平に応じるであろうと、信じていたようなのです。

しかし、チャーチルは少しも動じません。ハリファックス外相をして、勝利への不退転の決意を表明させ、ヒトラーの半分脅しの講和提議を一蹴します。独英戦争はもうのっぴきならない本格的な戦いとなったのです。

このとき、まさにファー・イースト（極東）にあった島国日本では、「東亜新秩序」のスローガンをうち立てた近衛内閣のもと、政府や陸海軍の首脳たちはどのように独英戦争の成りゆきを観望していたのでしょうか。元帥杉山元の残した参謀本部編『杉山メモ』（上巻）にかかれている元大本営参謀稲葉正夫中佐の「資料解説」がいちばんわかりやすいと思います。長く引用します。

「（フランス降伏、英軍のダンケルク撤退）次ぎに来るものはドイツ軍の英本土上陸であろうと、世界の耳目はドーヴァー海峡にそそがれた。このときわが陸海軍の大勢を支配した情勢判断は、『ドイツ軍の英本土上陸作戦は間もなく行われ、そして成功するであろうし』、『たとえばドイツ軍の英本土上陸作戦が行われなくとも、ドイツの欧州大陸制覇と大英帝国の没落崩壊は今や決定的である』というのであった」

かくまでもないことですが、民草が軍部や政官の指導者がどんな世界情勢判断をしていたかについて、くわしく理解していたとはいいかねます。ただナチス・ドイツの人気がいっそう高まっていくのに乗っかって、「近衛さんの新体制運動の手本はドイツにあるんだ」「ヒトラーにならって東亜新秩序をつくるんだ」と肩を組むようにして、民草はワッショイワッショイやっていました。ヒトラー著『我が闘争』（室伏高信訳）が売れだしてあれよという間に十万部を突破しました。スローガン「バスに乗り遅れるな」を中心に、いわゆる一つの方向に向かっての大衆同調社会がいつの間にか日本中に成立していたというわけです。

こうしたとき、ナチスの頭領ヒトラーや軍部の指揮者たちは何を考えていたか。ナチス統治下のアメリカ特派記者であったW・L・シャイラーの大著『第三帝国の興亡』のなかに、いくつもの興味深いドイツ国防軍の幹部の証言がかかれています。

たとえば英本土侵攻作戦の総指揮をとることになっていた陸軍のルントシュテット元帥は、戦後のニュルンベルク軍事裁判にさいしての検事尋問調書で、こうあからさまに答えています。

「英国侵攻計画は意味のないものだった。充分な船舶が整えられていなかったからである。わが方の海軍が〔陸軍の〕海峡横断を援護し、あるいは増援部隊を輸送できる立場にないとき、侵攻が不可能なのはわかりきったことで、われわれは、その全体のことを、一種のゲームとしてながめていた。（中略）総統はほんとうに英国侵攻を望んだことはついぞなかったと、私は感じている。彼には、それだけの勇気はなかった」

ルントシュテットの参謀長ブルメントリット大将は、これを肯っていい放ったという。

「われわれの仲間では、あれ（アシカ作戦）をハッタリだと話し合っていた」

そして当の海軍参謀本部は、はるかに強力なイギリス海軍と、かなり積極的な敵の空軍を目の前において、波の高い海峡を横断して大軍を輸送することに確信はまったくない。それゆえに海軍総司令部の『戦争日誌』七月二十九日にはっきりとその事実がかかれている、とシャイラーは指摘しています。

「今年中に、この作戦を企てることには反対する。もし実行するならば、一九四一年五月かそれ以降にする」

こう写しながら、どうしてもさきに引用した稲葉元中佐の解説のなかの「わが陸海軍の大勢を支配した」という言葉のなかの「海軍」にひっかかるのです。ほんとうに日本海軍中央の秀才参謀たちはドイツ軍の英本土上陸は可能と考えていたのであろうかと。それはあまりにもイギリスの海軍力を見くびりすぎてはいなかったかと。

◆バトル・オブ・ブリテン

その探索はあと回しにして話をすすめますと、七月三十一日、ヒトラーはベルヒテスガーデンの山荘に陸海軍首脳を招集し、英本土上陸作戦について頂上会議をひらきました。その内容をくわしくかくとすると何ページも要するので、いちばんの勘どころをいくつかの史書をならべて、それらにもとづいてかくことにします。

とにかくこの会議では海軍総司令官のレーダー元帥が長広舌をぶったようです。上陸作戦が非常に困難であることの条件をいくつもあげて、来春まで延期するように提案します。これに陸軍総司令官ブラウヒッチュ元帥がときに反論しましたが、ヒトラーはあまり発言がなく黙って聞いていたようです。そして奇妙なことにレーダーが中途で退出してしまい、そのあとで陸軍参謀総長ハルダー元帥が加わって会議再開となります。

そこでヒトラーが発言するのです。上陸作戦が技術的に可能かどうか、自身は懐疑的であるということ。わが小さな海軍はイギリスの一五パーセントの力しかない。駆逐艦は八パーセントしかない。これでは上陸部隊の援護がとても万全とはいえない。「しかし、かりに英本土上陸作戦が実行されないと仮定しよう」と彼は言葉をつづけます。

「いま、戦闘それ自体では勝っている。フランスは英国護衛の任務から脱落している。〈地中海方面では〉イタリアは英国の力を釘づけにしている。潜水艦戦争と航空戦は勝敗を左右することはできるが、〈それだけでは〉戦争そのものの勝利は一年も二年もかかるであろう」

といったあとで、ヒトラーは列席の将軍や提督たちが思いもかけていなかったことを、半ば訓示的にいいだしました。

「イギリスの希望はロシアとアメリカである。ロシアにかけた希望が消えるなら、アメリカも消えてしまう。何となれば、ロシアの消滅は東アジアにおける日本の価値を恐ろしく増大させることになるからである。（中略）日本はロシアと同様、自分たちの計画を持っており、この計画を戦争がまだ終わらぬうちに彼らは片づけるつもりでいる。（中略）

とにかくロシアを打倒するならば、イギリスの最後の希望は消えるのである。その暁には、ヨーロッパとバルカンを支配するのはドイツである。

決断――以上の分析からみて、ロシアを清算せねばならない。一九四一年春」（ホーファー『ナチス・ドキュメント』）

突然に、日本がでてきてびっくりさせられますが、ヒトラーは本気で、ソ連が崩壊してしまえば、日本のアジアでの立場は飛躍的に強大になる。そうすれば、その日本の軍事力（とくに海軍力）に太平洋方面で強く牽制されるため、アメリカは大西洋では動けなくなる、イギリス支援どころではなくなる、とこのときに勝利への方程式をそう解いていたのです。つまりソ連を撃破し、日本を仲間に引き入れてアメリカを牽制できれば、英本土上陸作戦をあえて強行する要はない、ということであったのでしょう。

いいかえれば、日本をドイツの同盟国として、東アジアと太平洋でのアメリカに対抗できる重しとして活用すること、それしかこの戦争の勝利を確定する方法はない、とヒトラーは判断したというわけです。『わが闘争』で徹底的に侮蔑した日本という小国が、ヒトラーの頭の中で突如として最重要な強力な存在として立ち現れてきたことに、やはり驚かざるを得ません。

ヒトラーはこのあと総統指令17号「対英航空戦ならびに海上戦実施計画」を発令しました。八月十三日を皮切りにドイツ空軍によるイギリス本土各地への猛攻撃が開始されます。ゲーリング総指揮のもと、主力部隊だけで九百三十機の戦闘機、八百七十五機の爆撃機、三百六十機の急降下爆撃機が勢揃いしました。これを迎撃するイギリス空軍は戦闘機八百機。ドイツ空軍の主要目標はイギリスの空軍基地と軍需工場、レーダー施設に定められました。総統指令には、一応はイギリス南部に集中的な攻撃を行い、甚大な被害をもたらすことができれば、上陸作戦を年内に実施することができるであろう、とあります。

これにさも呼応するかのように、アメリカとイギリス・カナダが密接な支援関係を結ぶことを宣言します。十七日、ルーズベルトとカナダのキング首相が会談、両国の共同防衛会議を常設すると発表。二十日にはチャーチルが、アメリカに基地を貸与する見返りに五十隻の駆逐艦を譲りうけることが決まった、と得意そうに議会で発表します。これにヒトラーは不快の念をまし、焦燥感にかられました。アメリカの参戦の意思をそこで感じとったゆえにです。あとは推理になりますが、そうであるゆえに軍事同盟を結ぶことによる日本の軍事力によるアメリカ牽制の必要を、いっそう急がねばならぬと考えたにちがいないと、そう思うのです。

こうして、いわゆる英本土防衛戦がいよいよはじまりました。チャーチルは『第二次大戦回顧録』にかいています。ほんとうはゴシック体で強調したかったにちがいありません。

「国民には狼狽の色はなかった。かれらは降伏するよりは、むしろこの島を修羅の巷と化してもよいと思っているようだった。これは立派な歴史の一頁になる」

本土防衛のための陸上の武器としては二百台の戦車と五百門の大砲しかなく、小銃すら不足していました。しかし、有力な戦闘機スピットファイアーが一応そろっています。それと、忘れてならないのは、本土防空戦のためにレーダー・システムが完備しており、「ウルトラ」という隠語で知られる暗号解読のシステムができ上がっていたということ。ドイツ空軍の攻撃計画をすべて見通して迎え撃ったのです。

たしかに最初のころはドイツ空軍が、軍事基地や施設に目標を定めて攻撃、イギリスの戦闘機隊がこれにたいし必死の防戦をくりひろげます。レーダーも「ウルトラ」も大いに役立ちました。が、ドイツ空軍の攻撃でレーダー・システムは次第に大打撃をうけ、この事態がつづくと応戦不能になるおそれがでてきました。

そうした状況のなか、〝偶然〟が戦闘の様相をがらりと変えてしまうことになるのです。八月二十三日夜、ロンドン郊外の飛行機製造工場とオイルタンクを爆撃するはずであったドイツ爆撃機が、目標を見失い、ロンドン中心部の市内に爆弾を誤って投下してしまいます。二日後の二十五日、イギリスは報復としてベルリンの中心部をねらって爆撃、さらに二十八日には大編隊でベルリン市街にいわゆる無差別爆撃を敢行しました。これはチャーチルが提議し内閣が同意、国会が承認し、イギリス国民の大多数の熱狂的な支持をうけて行われました。つまり民主主義的国家の法的承認をすべて満たした上での無差別攻撃であったのです。ここに戦争というものの非人間的な恐ろしさがあると思うのです。

これに怒ったヒトラーは報復として、ゲーリングにロンドン大空襲、つまりこれも軍も民衆も区別なしの無差別の攻撃を命じました。はじまったのが九月七日。このあと連続的にロンドン空襲が行われます。この結果、イギリスは死地を脱することになったというのですから皮肉です。レーダー網がこの間に修復され、より補強されることになったからです。

そしてのちに防衛戦の華と謳われ、記念すべきバトル・オブ・ブリテンの日とされる九月十五日の戦いがやってきます。ドイツ空軍は七百機の戦闘機と四百機の爆撃機とで、白昼のロンドン市街を空襲しようとしました。「ウルトラ」がドイツ空軍の戦術を解読し、海岸線の修復されたレーダー網がこれを捕捉します。そして可動の三百機のイギリスの戦闘機が迎え撃つ。

少数ながら火力に勝る英戦闘機は粘り強く、弾丸がなくなると着陸し補充し休むことなく飛び立ち、果敢に戦いつづける。ドイツ戦闘機は速力で優位に立ったが、航続距離の短いことが致命的となりました。いつまでもイギリス上空にとどまっていられません。ドイツ空軍は五十六機が撃墜され、イギリス空軍の損失は二十六機。

ロンドンの街はかなりの部分が廃墟と化し、空襲で死んだイギリス市民は四万人。しかし、チャーチルは「攻撃せよ、攻撃せよ、たとえロンドンが廃墟になろうと攻撃するのだ」といいつづけました。こうして軍配はイギリス側に上がった、といえます。ドイツ空軍はそれまでに千五百機以上を失っており、ゲーリングはさすがにこの大損害に戦術的失敗を認めざるを得なくなった。九月十七日には、ヒトラーも英本土侵攻のための船団の集結を中止、すべての侵攻準備の延期を命令するに至ったからです。集められていた運送船二千三百余隻とモーターボート千六百隻が解散することになりました。[*3]

そしていっぽうのチャーチルは、「これほど多くの人が、これほど少数の人〈戦闘機パイロット〉から、かくも多大な恩義をこうむった戦いは前代未聞である」と心からの感謝の言葉を、死にもの狂いで戦った搭乗員たちに贈りました。戦争の潮目が変わりはじめたのです。

たしかに、もしヒトラーが怒りにまかせてゲーリングに戦術の変更を命じていなかったならば、ドーバー海峡の制空権はドイツ空軍ににぎられていたかもしれません。しかし、歴史に「if」はないのです。そしてヒトラーの視線は、英本土上陸作戦をあきらめたこのときに、東のほうへ、すなわちソ連へとはっきり向けられました。イギリスが譲歩しないのは、スターリンの方針変更を当てにしているからだ。こう考えるヒトラーは、イギリスをひざまずかせるにはロシアを粉砕せねばならない、と結論づけていたのです。

◆ドイツ人への親近感

紀元二千六百年の祝典の準備がすすめられています。そのいっぽうで、「米国に対しての無用の衝突を避くるも、東亜新秩序の建設に関するかぎり、彼の実力干渉をも排除する」とか、「全国民を結合し得べき機能を有する新体制の政治組織の結成に邁進する」とか、いろいろな大命題をかかえて、第二次近衛内閣は、まことにあわただしく発足しました。その近衛のもとに外相をとおして、駐独大使来栖三郎から、リッベントロップ外相との会談報告がとどいたのは、八月二十八日のことでした。それはヒトラーが特使として党外交部員シュターマーを日本に派遣する、ということを伝えたもので、そして独外相はこういったというのです。

「日独関係が強化されれば、アメリカは本来の勢力範囲であるアメリカ大陸に戻るしかなくなるので、日本にとっては中国での戦争の処理をしやすくなる。日本が毅然とした態度を示せば、アメリカとの経済問題のこじれも好転するのではないか」

同じ二十八日に、外相松岡洋右のもとに駐ソ大使東郷茂徳から電報が届き、「日本へ向かう途中のシュターマーが訪ねてきた」、彼の訪日の目的は「もし日本が希望するなら政治協定の実施に結びつけたい」というものであることを、東郷は知らせてきたのです。

日本とドイツとの軍事同盟問題はこのようにして、近衛内閣の最重要課題として、またしてもドイツからもちこまれて再燃するのです。

そして海軍が反対して……と、ごく自然に考えたくなるのですが、こんどはそうは問屋がおろしませんでした。海軍大臣は及川古志郎大将。シュターマー来日直前の九月五日に就任します。その漢学の素養の深さは軍人というより学者、それで彼は文人提督とよばれていました。その上に翌六日、海軍次官に豊田貞次郎中将が任命されます。風見鶏よろしく機会主義的な面を多くもつ目立ちたがり屋の仕事師。この学者肌の及川と策士的な豊田のコンビの……とかいていては『昭和史』の二番煎じとなります。それで以下略。

いっぽうの陸軍は……『昭和史』ではふれなかったことを追記しておきますと、もちろんドイツとの同盟には大賛成、その裏にこのとき陸軍中央部にはドイツ贔屓が多くいたということについてです。それも幼年学校時代にドイツ語を第一外国語とするドイツ班出身がずらりと揃っていました。陸相東条英機は幼年学校ドイツ班、ドイツに駐在した。軍務局長武藤章、軍事課長岩畔豪雄、軍務課長河村参郎、人事局長野田謙吾、参謀本部作戦部長田中新一、そして第二部長（情報）岡本清福など、いずれもドイツ班出身。

最初に学校で習得する外国語が人間を規定してしまう、とまで強引な論法を押しつけるつもりはありませんが、その言葉への愛着がその国への愛情となる、それは何だか否定できない気がするのです。

海軍だって同じなのです。留学して習い覚えた外国語の場合も同じことがいえるのではないか。三国同盟推進派であった海軍きっての政治的軍人の石川信吾が留学したさきがドイツ、それも昭和十年秋から翌年にかけて。このとき、ドイツにだれがいたか。近藤信竹、柴勝男、神重徳、横井忠雄、山本祐二などなど親ドイツ派の錚々たるところが駐在武官として集まっていました。ヒトラー・ドイツが隆々として興るのをみて、それこそが日本の進むべき道と錯覚してしまう。ナチスの唱える「ヨーロッパ新秩序」を見習って「東亜新秩序」（のちに大東亜共栄圏）を彼らは夢見たのです。ドイツの海軍力を過大に評価し、ヒトラーの上陸作戦にたいするイギリスの海軍力を見誤っていたのも、そのせいであったといえる。つまりは、それが人間というものか、とも思えるのですが。

いや、軍人ばかりではありません。日本の民草もぐんぐんドイツに傾斜していったのです。そのことをよく語るものとして当時の出版物があります。一例として昭和十五年から十六年のはじめにかけて刊行された「ナチス叢書」をあげておきます。元駐独大使陸軍中将大島浩、小島威彦編でアルス刊、一冊どれも六十銭というシロモノです。

・日本とナチス独逸　海軍大将末次信正
・日独伊枢軸論　外務省外交顧問白鳥敏夫
・ナチス・独逸の世界政策　小島威彦

・戦時下のナチス独逸　大東文化学院教授藤沢親雄
・ナチスのユダヤ政策　清水宣雄
・ナチス運動史　ナチス党前東京支部長ザール
・ナチスの科学政策　深尾重光
・ナチス思想論　文学博士山本幹夫
・ナチス・独逸のスポーツ　独逸文部省報道官クラウゼ
・ナチス政治論　八条隆孟
・ナチスの美術機構　嘉門安雄
・独逸の資源と代用品　木村捨象
・国防国家とナチス独逸　通信監察官奥村喜和男
・実戦場裡のナチス　陸軍中佐於田秋光
・独逸精神　デュルクハイム

どうですか、本屋の書棚にずらりと並んだ光景、思わずへェーとなるでしょう。考えてみれば、日本人のほとんどがもう米英にたいしては嫌な感情をもっていましたし、「バスに乗り遅れるな」のスローガンを本気になって叫んでいたのです。いわばこれらのドイツ礼讃の本はその米英敵視と盾の両面となっていた。いまの日本もヘイト韓国、ヘイト中国の本がやたらに刊行されていることをみれば、少しも不可思議ではないといえるのではないでしょうか。

どんどんとドイツ贔屓となった当時の民草もふくめて、日本人が、いったいナチスのどこに共感したのか、ということを考えると、日本人と共通するある種のイメージを彼らのうちに描いたからではないか、といまになると思われるのです。堅実、勤勉、几帳面、徹底性、秩序愛、律義さ、端正といったポジティブな面から、頑固、形式偏重、無愛想、唯我独尊というネガティブな面まで、日本人はおのれの投影をドイツに認め、すこぶるつきの親近感を抱いた、と。

そしてまた、日独はいずれも単一民族国家、団体行動が得意で、規律を重んじ、遵法精神に富み、愛国心が強い。日独はどちらも教育水準が高く、頭がよく、競争心が強く、働くことに生き甲斐を感じている。日独はともに組織にたいする忠誠心に溢れ、勇敢で、軍事的潜在力が高い。しかも日独は、近代国家としては「おない年」で、統一国家を形成した一八七〇年ごろには、世界の帝国主義強国の地球上における領土分割はほぼ完成し、後発であったばかりに優秀でありながら〝持たざる国家〟として国家発展のための苦闘をともにしている。こうしてお互いに国際連盟からも脱退し、国際的孤立感に悩みに悩み、かつアメリカ大統領からはさながら「黴菌」のごとくにさげすまれている日独両国は、いまこそ盟邦としてより強く手を結び合うべきではないか。

そんな空気がいまや日本中に充満しはじめていた。バスに一緒に乗ろう、民草もそのつもりになっていたのです。

◆三国同盟交渉のはじまり

九月七日、特使シュターマーは東京に着きました。東京時間とベルリン時間には七時間の差がありますが、日付でいえばまさにヒトラーがロンドン市街への無差別爆撃を命じたその日に当たります。交渉の日本側の中心となったのは松岡外相。正確には九日午後五時にオットー大使とシュターマー特使とが新聞記者などに気づかれないように、千駄ケ谷の松岡の私邸に裏口から入ったときに交渉は正式にはじまったことになる。

この時点での松岡はどんな考え、というか交渉にさいしての構想をもっていたのか、それが大事といまは思われます。結論をまずかいてしまうと、それは三国の同盟にとどまるだけではなかったのです。この日独伊三国同盟の威力をかりて、これにソ連もなんとかして引きこんで、日独伊ソ四国協商の実現をはかる。そしてこの四国協商の力で米英を牽制して、日本の南進政策を推進する。こうしてヨーロッパ、アフリカ、アジアで四国間に新たな世界秩序を樹立する、というものであったのです。

そんな大風呂敷な、とあるいは呆れる人も多いでしょうが、事実、松岡は外相としてその大構想をもっていました。ですから、今度は海軍の反対があろうが、かならず実現してみせると自信満々でした。史料からそれを示します。

「まず三国同盟の成立をはかる。次にこの同盟の威力をかりて日独伊ソ四国協商の実現をはかる。その際、とくにドイツのもつ〝対ソ影響力〟を活用して、ドイツをして日ソ国交調整の斡旋の役割を担当させる。さらに四国協商が成立すれば、この提携の力の威圧を利用して対米交渉に乗出し、諸懸案の妥結をはかると同時に、アメリカをしてアジアおよびヨーロッパでの干渉政策から手を引かせ、同時にこれらの地域での平和回復に共同協力することを約束させる。なお、この間三国同盟および四国協商の力で英米を牽制して、日本の南進政策を推進する。こうしてヨーロッパ、アジア、アフリカで四国間に生活圏を分割し、世界新秩序を樹立する」（日本国際政治学会太平洋戦争原因研究部編『太平洋戦争への道』第五巻）

いやはや、というほかのない大構想です。こう得意の弁舌をふるって松岡はぶちまくったのです。それが本気であったことを示すさらにもう一つの史料を引用します。新名丈夫編『海軍戦争検討会議記録』にある豊田貞次郎（元海軍次官）の証言のなかの松岡の言葉です。

「彼（松岡）の同盟の趣意は七、八項目あったが、その主眼点は、英独戦争においては日本の援助を要しないこと、および日独伊ソ連にて米の参戦を牽制して、なるべく早く世界平和を回復したいというにあり」

しかし、読者のみなさんはすでにヒトラーが七月三十一日には、「決断――ロシアを清算せねばならない。一九四一年春」と豪語したことを知っているわけです。松岡はそんなことは知りません。それでこんな構想、いや思惑、いや妄想を抱いた、というのか。三国同盟がとんでもない考えを土台においてぐんぐん進められ、あれよあれよという間に結ばれたことを、やがて歎かねばならなくなるわけなのです。

こうした松岡の妄想（すなわち日独伊ソ四国協商）のもと九月九日からはじまった交渉はほとんど松岡の私邸で行われ、日本側は原則として松岡ひとり、ドイツ側はシュターマーとオットーの二人。日独伊三国同盟にかんしてはたちまちに両者の意見は一致する。そして交渉三回目の九月十一日には、条約の基本条項は早々と決定、というトントンとした進み方でした。

そのかんの九月十日の日本の各新聞の朝刊は躍るような筆致で、ドイツ空軍によるロンドン空襲の模様を報じました。巨大な火のドームがテムズ川にかかり、橋や塔が恐らく真ッ赤なのであろうシルエットを浮かびあがらせます。大英博物館も爆撃にさらされようとしていると報じました。

『昭和天皇実録』はそのことについて記しています。

「内大臣木戸幸一に約一時間にわたり謁を賜い、御用談になる。その際、『朝日新聞』にドイツ軍機のロンドン空爆により〝大英博物館炎上か〟との記事が掲載されたことに関し、文化の破壊を懸念され、独英両国に対し、何とか申し入れる方法はなきやと御下問になる」

その天皇は、はたして松岡の三国同盟、いや四国協商の妄想を知っていたのかどうか、大いに気になるところです。

しかし、そこまでいく前に、少しかいつまんで日独交渉の順を追っていきたいと思います。昭和史がいわゆる「ノー・リターン・ポイント」を越えて、戦争への坂道を転げはじめる大事なときなので。

九月十一日、特使シュターマーがやっと〝ヒトラーの切り札〟を松岡に示しました。

「日本、ドイツ、イタリアの三国のうち、一国が現在のヨーロッパ戦争または日支事変に参入していない一国によって攻撃された場合には、あらゆる政治的、経済的および軍事的方法によって相互に援助すべきことを約束する」

すなわち自動参戦の義務を負う完全な軍事同盟の意思表示です。この義務をきちんと明示することによって、日本がアメリカを強く牽制しその戦争参加を阻止してほしい、と、ヒトラーの悲願が聞こえてくるような提案でした。松岡は、しかし、慎重なふりをしました。個人的には同意するが、やはり最高会議にかけて諮らねばならないから、と説明し、会談を打ちきります。松岡の頭には、さてこの点に関してうるさい海軍をどうやって納得させるか、面倒な、という思いが明滅していたと思います。

翌十二日、シュターマーの提案を松岡は四相会議（首相、外相、陸相、海相）に提出します。これまでの交渉経過をこまごまと説明したのちに、松岡は明瞭にいいます。

「このまま呑んだらよいと思う」

東条陸相はすぐに賛成。近衛は海相の顔を見守りました。三人の列席者が当然のこと強く反対するであろうと予想するなかで、及川海相がぼそぼそといいました。

「考えさせてほしいと思う」

外相も陸相もこれを諒としました。「絶対反対」の強い言葉ではなく、海相の口からでた意見留保とも思われる返答は、むしろ思いもしないことであったからです。はたして海軍もバスに乗り遅れまいと決心したのであろうか。外相も陸相もしばし及川の顔を見つめていました。

◆海軍が折れた日

その海軍にとって運命の日がやってきました。九月十三日、金曜日。海軍大臣官邸に、及川海相、豊田次官、軍務局長阿部勝雄少将、軍令部次長近藤信竹中将そして作戦部長宇垣纏少将の五名が参集します。もちろん議するのは三国軍事同盟案――。

すでに前日、及川と豊田との談合もあり、ヨーロッパ戦線でドイツとアメリカが戦火を交えるようになった場合、〝自動的に参戦する〟ことなく、日本は〝自主的に〟参戦するかしないかを決める、そのように条項が改められるならば、日独軍事同盟やむなし、と二人は合意していたのです。海軍にとっては松岡がしきりに主張するソ連を加えての四国協商のことにはさしたる関心はなかったようです。

それをうけての海軍の会議では、豊田の説明にたいして、はじめから反対の意を表したのは宇垣だけでした。しかし、豊田は個人的にも松岡外相と親しく、十分にその構想を聞かされ納得していたから、宇垣を説得するための論理の筋道だては完璧にできている。日本をとり巻く条件は十四年夏とは違っている。いまや蘭印も仏印（現ベトナム）もドイツの主権下にある。このまま手をこまねいていては、アジアの資源地帯はドイツの手に帰してしまう。アメリカが石油の対日輸出をとめるという強硬策にでてきたとき、われら海軍が何としても欲しいのはボルネオやスマトラの油田地帯ではないか。

豊田はそう説いてきています。

「しかも自動参戦については、これを改めさせ、自主的決定にゆだねると条項を正す。これは絶対不可欠の条件として、海軍は強く申し入れてある」

この言葉をうけて同盟推進派の阿部局長がおもむろに口をはさみます。

「同盟はこの機を逸せば今後は完全に不可能になります。また条約締結せざれば政府は崩壊するでしょう。海軍としては、近衛公を措いて人なき現状を考え、国家のため早急に締結すべきものと考える」

近藤次長はなお黙念としています。が、この人もまた親ドイツ派。宇垣がアダ名「鉄仮面」そのものの傲岸な面もちを突きだして、なおも反対しようというのを抑えて、及川が、

「もう大体やることにしてはどうだね」

とあっさり腹の中をさらけだします。さすがの宇垣もやや鼻白んでいいました。

「おやりになるというのなら、それはもうやむを得んでしょうが、米参戦の場合、わが国が自主的に行動することは絶対に必要であります。そのことだけは強く申しておきます」

海軍首脳が苦しい立場におかれていることは確かなのです。ヨーロッパの戦場ではドイツの快進撃だけがあり、明日にでも英本土上陸作戦が敢行されるのではないかと、巷ではかまびすしく叫ばれています。「バスに乗り遅れるな」の声は海軍部内でも高唱されるようになっていました。巷間では弱虫の海軍不要論まで飛びかっているのです。会議にはこれ以上もはや弱いことがいえない空気が充満していました。

その九月十三日夜、豊田は軍令部第三部長（情報）岡敬純少将をつれて、外相の私邸に赴き松岡に面談を強要しました。松岡も渋々ながら会いました。海軍の二人の面をおかしての弁舌に饒舌この上ない松岡もややたじろぎましたが、彼もまた長州出身の強情な男です。容易に降参するようなことはありません。自動参戦の問題を条約の本文からはずすことは、条約そのものが弱くなる、ばかりではなく、ヒトラーが気分を害し同盟自体が吹っとぶかもしれない、と外相は難色を示しつづけました。

「しかし、それなくしては軍令部がウンといいませんから、われわれとしても……」

と豊田は必死になって口説きます。

密談は声を荒立てることもなく長くつづきましたが、やがて松岡が折れてきます。条約本文ではなく附属議定書と交換公文をつくり、そのなかで〝参戦は各国政府の自主的判断による〟

という趣旨の規定をおくようにする、それでどうだ、と妥協を求めてきたのです。
豊田も親ドイツ派でこり固まった岡も、わが事成れりと胸中で手を拍つ思いでしたが、面にはださずに、

「ともかく外相の説のとおり、同盟は世界平和のためなりと信じ、海軍も同意するのでありますから、とにかく附属議定書なりにハッキリと明記し……」

といって会談をしめくくりました。

数時間後、豊田も岡も、鬼の首をとった思いで、深夜の外相邸をあとにします。肝腎の〝参戦の自主的判断〟はもとより、同盟に同意するかわりに〝海軍軍備の強化増進にかんし内閣も陸軍も真剣な協力をする〟つまり予算増大に協力する、という海軍の要望的条件にたいしても、外相のしっかり協力するとの約束を得たのです。いわば海軍の希望を完璧に政府に呑ませたことになる、これを成功といわずしてほかにどんな言葉があるか。

この知らせが及川海相にただちに届けられたのは、いうまでもありません。

「そういうことであれば、これまでの海軍が反対してきた理由はすべてなくなったな」

と及川はいいました。及川は国内を分裂してまで陸軍とやり合うことを好みません。摩擦回避を第一と心得る及川は、この知らせに、自主的参戦条項だけではなく、予算面での協力も獲得した、上出来だ、どうやらまた漢籍に親しめることになるな、と素直に喜んだのです。

海軍中央の秀才参謀たちも大喜びとなった。これでアメリカは英独戦争への参戦をさし控

えるに違いない。そのうちにヨーロッパ戦争の決着がつくであろうと、そうした近視眼的な戦略観によって、彼らは三国同盟を是としたのです。

◆オットー大使のペテン

海軍が同意した、話はこれで万事目出たしとなるはずでしたが、じつは最近になってわたくしは朝日新聞社の渡辺延志記者の取材をうけ、そのときにじつに奇妙奇天烈な（？）といっていい英文の史料を見せてもらいました。それまで同盟条約の本文とは別の附属議定書に「自動参戦の義務は負わない」という秘密協定が明記された、そう判断していたのですが、それは真ッ赤な嘘ということがわかったのです。お蔭で天地がひっくり返ったような覚えを味わったのです。

しかも、それはあろうことか、ヒトラーにもリッベントロップにも、まるで相談せず、オットーとシュターマーの二人だけが勝手な判断で「私信」の形でかいた文書だというのですから。その後に渡辺さんは自身の発掘したスクープ的史料にもとづき『虚妄の三国同盟』という名著を刊行されました。以下は、勝手ながらその本を土台にして新事実をごくかいつまんでかくことにします。

さて、海軍首脳がついにＯＫで一致した九月十三日の『昭和天皇実録』にこんなことが記されています。

「午後三時より二時間余にわたり、御学問所において外務大臣松岡洋右に謁を賜い、独国特派公使スターマー（ママ）との交渉に関する奏上、及び人事内奏を受けられる」

　このとき、明らかに松岡は得意の饒舌で自分が抱懐し実現を意図する日独伊ソ四国協商の構想を、天皇が納得されるまで説きに説き、かならずやそのことで対米戦争を回避することができると力説したものとわたくしは考えるのです。「二時間余」と記されているところに注目して下さい。ふつうは十分か十五分、長くても三十分間が、近衛首相以下ほかの閣僚の内奏時間なのです。それが、なんと、二時間余！　ただし、天皇が松岡の説く四国協商案に同意、までいかなくとも納得されたかどうか、その点について『実録』には何の記載もありません。ではあるけれども、この二時間に松岡は天皇にわかってもらえるまでねばりぬいた、と考えてもそれほど無理はないのではないか。

　昭和天皇についてはともかくとしても、間違いなく近衛は松岡説を信じ、すっかりその気になったのです。十六日の閣議で近衛は閣僚たちにこういい切っています。

「松岡はこの三国同盟を断行すれば、旧ドイツ領の南洋諸島は無償とまではいかないにしても日本にもらえる。シュターマーは石油も、ドイツの占領地拡大によって豊富になっているし、ソ連やルーマニアからもとれるといっているから、日本にも相当もらえるだろう。ソ連と国交調整ができれば、北カラフトの石油利権をもらうように斡旋してもらうつもりだ。場合によっては全部買収してもよい」（矢部貞治『近衛文麿』近衛文麿伝記編

纂刊行会編）

そして九月十九日午後三時から宮中で御前会議がひらかれ、陸軍の閑院宮参謀総長が簡単に「陸軍は同意します」といい、最後に海軍の伏見宮軍令部総長が発言しました。

「政府提案の日独伊三国同盟の件、大本営海軍部として同意いたします。ただしこのさいつぎの希望をのべます」

一、なし得るかぎり日米開戦を回避するよう施策の万全を期すこと。

一、南方への発展は極力平和的に行うこと。

一、言論の指導統制を強化し、ほしいままな論議を抑制し、有害な排英米言動を取締ること。

一、海軍戦備および軍備の強化促進の完遂にたいし真剣なる協力を望みおくこと。

こうして海軍の、いいか、海軍戦備の強化に一致協力するんだぞ、との念押しを前提とした賛成によって、御前会議は終り、三国同盟条約締結は国策として決定しました。あとは九月二十六日の形式的な、枢密院の諮詢を残すだけとなったのです。

ところが、その直後の九月二十一日、オットー大使とシュターマーが松岡を訪ね、松岡には思いもかけないようなドイツ政府の強い意思を伝えてきたのです。

「ドイツ政府は秘密の義務を付属させることはこれを拒否する」

つまり「自動参戦の義務」も正式の条約に明記することを、ヒトラーもリッベントロップも強く望んでいる、ということです。松岡はこの通告にただうろたえるばかり、であったようです。そしてオットーの袖にすがってお願いするようにいった、というのです。

「天皇に条約の意図と秘密条項についてすでに伝えてあるんです。外相として説明してご納得いただいておきながら、あれはでたらめというか間違いでしたなどということはできない。日本のしきたりでは、それは非常に悪いことなのです」

こうまでいわれてはドイツ側の二人は当惑するばかり。三人は困りぬいて、何かいい案はないかと知恵をしぼったのです。そして苦肉の策ともいうべき名案（？）をひねりだす。渡辺さんの著書から長く引用します。オットーが東京裁判を前にしての連合国の検事の尋問に答えての供述なのです。

「誰が言い出したのか覚えていないが、松岡に対して（私が）手紙を書くことにした。政府によって信任されている私の署名を添えた個人的な手紙を松岡に書くことに決めた。シュターマーの署名も添えた。内容の中心となったのは、三国同盟の締結をもたらした松岡の努力への感謝だった。そして攻撃を受けた時の協議、原材料物資の相互援助、ソ連を三国同盟に参加させるためにドイツ政府は最善を尽くすということの保証だった」

そして渡辺さんの取材をうけたとき見せられたものは、その「絶対極秘―在京ドイツ国大使より外務大臣あて来翰」と銘打たれたオットーの手紙のコピーであったのです。これをはじめて読んだとき、「閣下に向かいて深甚なる謝意を表明する」とあることから、要するにオットーとシュターマーの松岡にたいする礼状ぐらいに思ったのですが、そんな単純なものではない。

じつは二人のドイツ外交官と松岡の三人合作の大いなる詐術、ごまかしの文書であった。ヒトラーもリッベントロップもまったく知らなかったことであった、というのです。

渡辺さんの著書からさらにわかりやすくして引用します。オットーと検察官との一問一答のくだりです。

オットー「私が意図したのは三国同盟の成立だった。協議についての責任は私がとればいい。実際に軍事衝突がおきた時には、自動的に戦争に入らない機会を私が設ければいい」

検察官「そのような私的な解釈は、〈ドイツ〉政府から了解を得たものですか」

オットー「いや、そんな時間はなかった」

検察官「時間がなかった？　なぜです」

オットー「ベルリンでの調印は九月二十七日と決まっていて、日程が迫っていた。東京では枢密院の審議が二十六日と決まっていた」

そしてオットーはこういい切ったというのです。

「ドイツ政府は条約の細部にはあまり関心がなかった。関心があったのは、強い調子の文言が世界に向かって発信されるということだった」

であるからといって、一外交官が独断で、政府の許可はおろか了解もない空手形で、わが日本政府をペテンにかけることがあっていいはずはない。

渡辺さんはかいています。

「秘密議定書に代えて、自主参戦権やソ連との関係改善の仲介など日本の要望をもりこみ、日本では『交換公文』とされているものを、オットーは『私信』としてかいていた」

しかも、この検事調書は東京裁判においては、証拠としての必要なしと却下されてしまったという。したがって裁判記録にはでてこないのです。もちろん、ニュルンベルク軍事裁判においてそんな文書があるべくもありません。

とにかく松岡外相だけは承知してそのペテン劇の主役の一人をつとめていたのです。ただし、その松岡もヒトラーがすでにソ連攻撃の意志をかなり強く固めだしていることは知らなかった。松岡の四国協商の構想など富山湾の蜃気楼のごときはかないもの、と思うと、「世界史のなかの昭和史」がなんとも可哀想になるのです。

◆三国同盟調印のあとに

九月二十七日、日独伊三国同盟条約がベルリンで調印、公表されました。

内容をわかりやすくかきますと、

・欧州と東亜における新秩序建設の指導権を認めて協力する。

・欧州戦争そして日支事変に参加していない国から攻撃された場合には、あらゆる政治的・経済的・軍事的手段を用いて相互に協力する。

・ソ連との政治的状態には影響を及ぼさない。

そんなことを主とする条約でした。

外務省顧問の白鳥敏夫は頬を紅潮させて、記者団にこう語ったのです。

「こんなに早い条約締結はないね。九月初旬シュターマー氏が入京した翌日にこの話がはじまって、今日まで二十日足らず。スピーディだ。超スピードだ。しかし下地ができていたのだよ。日本が東洋で、ドイツがヨーロッパで戦うのも、同じ理想によるものさ」

翌二十八日の朝日新聞の朝刊は、社説で「誠に欣快に堪えざるところである」と手放しの喜びを表わし、紙面に大きな活字が躍っていました。

「いまぞ成れり〝歴史の誓〟／めぐる酒盃　万歳の怒濤」

報知新聞も負けずに第一面に筆を躍らせました。

「三国同盟条約は、日本の壮快な行進曲であって、挽歌ではない」

日本国民はほんとうに歴史を画する大いなる同盟と喜び合ったのです。ただし、いつものような旗行列や提灯行列といった熱狂ぶりは、なぜかどこにもありませんでした。

ドイツでは、ドイツ国民のだれもが不意打ちを喰らった思いで、この報を聞いたようです。二十七日の朝から小学生が手に手に日の丸の小旗をもってブランデンブルク門から中央の大通りを行進し、ベルリン市民を驚かしました。もちろん政府の指令で動員された小学生の行進でしたが、何事が起きたのかと市民は訝しく思ったようなのです。ベルリン駐在の中立各国の新聞や放送の特派員には、午後一時に総統官邸で「重大発表」があると知らされました。それほど極秘裡というか、大きなニュースにならぬままコトは進んでいた、そうとしかいえません。

そうではありましたが、ドイツのその日の新聞は鳴り物入りの宣伝で、ほかのいっさいのニュースを第一面から完全に追い払って、三国同盟を特筆大書しています。ドイツ国民よ、この条約は世界が震撼するほどの重要性をもつものであり、いずれ遠からず、イギリスは降伏し、最終的な世界平和がもたらされるであろうことを確信せよ、と煽りに煽りました。なるほど、これによってイギリスが頼みにしているアメリカの援助などなくなるのか、とドイツ国民はいい気持ちになったようです。

しかし、この三国同盟が何を意味するか、については世界情勢に関心をもつ人びとにはかなりの物議をかもしだしました。大著『第三帝国の興亡』をかいているアメリカのジャーナリストのシャイラーは、昭和九年（一九三四）から十五年までベルリンに滞在し、貴重な『ベルリン日記』を残しています。その日記の二十七日の項に、まことに意味深長な見方をかきとめています。長く引用します。

「条約の核心は第三条で、次のようになっている。『ドイツ、イタリア、ならびに日本は、この条約を結んだ三カ国のうちいずれか一国が現在ヨーロッパ戦争もしくは日中事変に加わっていない一国の攻撃を受けた場合には、あらゆる政治的、経済的、軍事的手段をもって相互に援助を行うものとする』／この二つの戦争に加わっていない大国は二つある。

ロシアと合衆国だ。しかし第三条はロシアには言及しておらず、第五条は言う、『ドイツ、イタリア、ならび日本は、前記の条項が条約三カ国ならびにソヴェート・ロシアの各々のあいだに現存する政治的状態にはなんらの影響を及ぼさないことを確信する』」

つまりドイツと条約を結んでいるソ連は第三条からこれで除外されているわけです。となると、三国同盟が〝敵視〟している大国というのはアメリカ合衆国だけとなります。

シャイラーはそう見抜いた上でかいています。

「ほんの数日前にヒトラーは（中略）イギリス侵攻が、計画どおりには実施できなくなったという報告を〔伊首相の〕ムッソリーニに伝えた。ムッソリーニはすでにエジプト侵攻に着手していたが、それはイギリス本土攻撃に時期を合わせて大英帝国の兵力の分散をはかるためであって、この秋にはそれ以上のことを狙うつもりはなかったのである」

そんなときであるから、ヒトラーは同盟を結んだのか。シャイラーはさらにかいています。

「これの生む効果は、アングロ＝サクソン民族について誤った判断しか下したことのないヒトラーやリッベントロップの期待するものとは、まさしく正反対のものになるだろう」

シャイラーはさらに日本に言及しています。

「いったい日本がこれでどういう利益を得るのか、さっぱり分からない。なぜなら、もしわれわれが日本と戦うことになった場合、ドイツもイタリアもイギリス海軍を征服してしまうまでは、アメリカになんの危害も加えることはできないからである。（中略）

一つだけははっきりしている。ヒトラーは冬までに戦争が終るともし思っていたなら、こんな三国条約など発表しなかっただろう。戦争がすぐ終るのなら、こんなものの必要はないはずだ」

当時、日本の駐ベルリンの外交官や駐在武官が大勢いたはずなのです。いくらシャイラーが鋭敏なジャーナリストとはいえ、彼にこれくらいヒトラーやドイツ軍部の行き詰まった英本土上陸作戦の戦略戦術が推察できたというのに、日本の専門家はだれひとりそれを見透すことができなかったのか、ほんとうに情けなくなる。そして日本本土では、天皇をはじめ（?）近衛首相も大本営陸海軍部も、松岡の誇大夢想的な日独伊ソ四国協商の構想がやがて実現し、これを背景にして米国と交渉し通商条約を元へ戻し、日中戦争を解決し、平和的に南進政策を推進できるとでもほんとうに思っていたのでしょうか。

◆唯一の〝敵国〟として

問題は、三国同盟によって〝敵視〟された唯一の大国アメリカです。シャイラーのいうとおりヒトラーばかりではなく日本も、アメリカを見誤っていた、といまはいうほかはありません。こんなびっくりするような裏話が、ハル国務長官の『回想録』にかかれているのです。つまり、八月末にはもうヒトラーのソ連攻撃計画をアメリカは察知していた、という信じられないような話なのです。

ベルリンにいた米大使館のウッズ商務官に、八月末のある日、一枚の映画の指定席券が送られて来た。送り主は反ナチスでありながら、政府やナチス党の幹部に深く食いいっているドイツの友人であった。彼は映画館でウッズの横の席に坐ると、暗がりを利して素早く紙一片を渡した。それにはこうかかれていたという。

「ヒトラーの司令部で、対ソ戦の準備についての会議がひらかれている。英本土空襲は、ヒトラーの本当の練りあげた計画と不意にソ連を攻撃せんための準備をかくす煙幕である」

スパイ小説によくあるような話で、ハルはこの報告にはじめは半信半疑であったらしいですが、さっそく検討せよと指示したフーバー連邦捜査局長の「本物だと考えられる」という報告に、腰を抜かさんばかりであったといいます。さらにその後にも、ルーブル紙幣を山のようにドイツ政府が印刷していること、ヒトラーの「ウラジオストックからジブラルタルまでドイツ軍でうずめるつもりだ」との側近たちへの豪語など、ぞくぞくと決定的な情報がとどき、ハルは確信をもってルーズベルトに独ソ開戦の近いことを伝えることになりました。

当の大統領その人は、昭和十四年の初めごろには、すでにヒトラーの野望によるヨーロッパ戦争の勃発を見通していて、はじまれば英仏側に味方し、いずれはアメリカも参戦するとの決意をすでに固めていた、といわれています。しかし、であるからといって、その決意を実行に移すには、国内になおかなりの困難がありました。強固なアメリカ国民の孤立主義的な気運、さらには不景気がいぜんとして解決されていなかったからです。

何があろうと中立主義で通すべきだと強固に主張するのは、ドイツ系のアメリカ人グループ、イギリス嫌いのアイルランド系アメリカ人、さらに強力なアメリカ・ファースト委員会（ヨーロッパ戦争参戦に反対する団体）が加わりました。その指導者のなかには大西洋横断飛行で世界的に有名な飛行家リンドバーグもいました。彼らはドイツ経済との活潑な取引きを夢見ていたのです。とにかくアメリカ国民の多くは平和主義的であり、中立固持であり、ナショナリズム一色に染まっていました。

ところが、一九三九年十一月の第四次中立法では武器禁輸条項が緩和されることとなります。このころからアメリカ国内の空気はわずかずつではありましたが、変わりはじめていたのです。

四〇年になって、パリ落城、六月二十二日のフランス降伏、イギリスの孤独な戦い、ドイツ空軍の英本土大挙爆撃という事態は、輿論をルーズベルトの思う方向へと動かしていきました。イギリスの飛行機生産量が年間八千機にたいして、「わが国のそれは年間五万機にすべきである」との大統領の主張を、孤立主義者たちの介入によって一応は抑えられますが、ルーズベルトはもうひるまなくなりました。米駆逐艦五十隻とカリブ海の英基地との交換、選抜徴兵法の制定、陸海空三軍の大拡張と、臨戦態勢へとアメリカ全体が動きだしました。アメリカ国民もようやくその気になりだしていたのです。

そこにハルからの独ソ開戦はやがて起こるとの極秘報告です。ルーズベルトの決意は強まり、実行への道の模索というより具体化が注意深くはじまります。折からルーズベルトは三期目の大統領選挙に立候補し、その選挙に勝つためにも、巧みに自分の真の意図を隠しつづけながら、イギリスや中国に援助の手をさしのべていました。それまでの英仏への援助強化は輿論を恐れて秘密裡にとられたものが多くあり、蔣介石への援助強化もまた同様でした。ところがそこに日独伊三国同盟によるアメリカにたいする敵対的な動きを日本が明らかにします。ルーズベルトは完全に戦争を意識しはじめました。

のみならず、三国同盟がベルリンで調印される直前の九月二十三日、蔣介石政権への米英の援助ルートの遮断と、きたるべき南進政策上の必要の両面から、仏領インドシナ（仏印＝現ベトナム）北部に武力進駐を日本陸軍が強行しました。これにアメリカ政府は強く抗議するとともに、ルーズベルトの指令で十月十六日以降、全等級の屑鉄の日本への輸出を禁止すると発表、蔣介石政府に二千五百万ドルの借款供与、アメリカは決して引き籠ってばかりいないぞという選挙支持者も喜びそうな強硬な政策で応じてきたのです。つぎは、工作機械やアルミニウムやボーキサイト、そして最後の切り札は石油です。政府のなかには、思いきって石油の全面禁輸を、と主張するものもいましたが、国務長官ハルがとめたといいます。

仏印への武力進駐につづいて日独伊三国同盟の正式調印。その可能性の大きいことは知っていましたが、その発表はいわば寝耳に水。しかしハルは大統領と会談したあとで声明書を発表します。その勘どころは、「日独伊同盟協定は、米国政府の見解では、ここ数年間存在してきたような状況を実質的に変えるものではない」と、いくらか輿論を気にしてか、第三条〝大国〟の意味することにたいする怒りを押さえての、抑制されたものでした。なのですが、アメリカ政府の腹の底は、暗い見通しの第一歩を大日本帝国が踏みだした、という危機意識でいっぱいでした。いいかえれば、日本との戦争があらわに眼に見えてきた、という思いでした。

そうです、駐日米大使グルーですら、その日記にこう記しています。

「九月の日記を書き終る私の心は重苦しい。これは過去に私が知っていた日本ではない」

まさしく、グルーのいうとおりです。昨日の日本ではない。強力な海軍力をもつとはいえ、大日本帝国はそれまで極東（ファー・イースト）の島国であったのですが、いまや三国同盟の締結によって世界史のなかに割って入ってきた軍事大国へと相貌を一変させた、そういっていいと思うのです。

アメリカにとって、三国同盟はすでにでき上がっている世界の秩序・体制に対抗し、新しい秩序をつくろうとする日本の戦闘姿勢を示すもの。アメリカ一国を〝敵国〟として、その行動を牽制する軍事同盟であり、アメリカの国民は、このときからナチス・ドイツにたいする不信感と敵意と不気味さとそっくり同じものを、日本および日本人にたいしてもちはじめました。アメリカの輿論は、日支事変をアジアにおける局地的な戦いとしてではなく、ヨーロッパ戦争と連動したグローバルな戦争と認めるようになったのです。

それはまたアメリカ国民に、中国大陸での戦闘における日本兵の暴虐と野蛮とにたいする激しい憎悪をあらためて思い起こさせたのです。「ジャップ」という言葉が、多くのアメリカ人にとって「侵略的で残忍で嘘つきの黄色い小男」という意味をもつようになっていきました。中国の運命を心配するというような問題よりも、はるかにアメリカ人の感情に深く刻まれる直接の〝敵国〟として、大日本帝国がアメリカに対立する存在となったのです。[*4]

◆「日米戦争は避けられるか」

昭和十五年（一九四〇）十月十四日、プリンストン輿論調査計画（ギャラップ調査を利用した）の報告（九月三十日実施）がルーズベルトに手渡されました。

質問「あなたは、米国が日本に中国を支配させるべきだ、と考えますか。それとも、米国が日本にそうさせないために日本と戦争すべきだと思いますか」（百分比）

・日本に支配させる　32
・戦争をする　29
・その他　16
・意見なし　23

アメリカ人の十人のうちの三人が中立主義を捨て、対日戦争を決意していたことがわかります。

そのアメリカでの調査報告の少し先になりますが、この年の終りごろの日本人の考えについてのアンケートがあります。「文藝春秋」十六年一月号に発表されました。回答カードは六百八十五枚、十二月五日締切り。いくつかの項目のなかに〈日米戦争は避けられると思うか〉という興味深い質問があります。その回答はこうです。

〈避けられる〉　四一二

〈避けられぬ〉　二六二

〈不明〉　一一

一見して明らかなように、十五年末には三分の一強の日本人が、もはや日米戦争は避けられないと考えていたのです。

こうなると、『B面昭和史』ですでにかいたことですが、もう一度引用したくなります。九月二十九日、日独伊三国同盟締結の報に、作家野上弥生子は日記に〝不敵な〟としかいいようのない文字を残しています。

「英米の代りに独伊というダンナもちになって、十年後にはどんな目に逢うか。国民こそいい面の皮である」

また、いままでに何度もわたくしの著作で引いたものですが、作家永井荷風の九月二十八日の日記もやっぱり忘れられませんので、もう一度。

「愛国者は常に言えり、日本には世界無類の日本精神なるものあり、外国の真似をするに及ばずと。然るに自ら辞を低くし腰を屈して、侵略不仁の国と盟約をなす、国家の恥辱之より大なるは無し」

たしかに、まだ冷静にものをみる日本人がいることはいた。しかし、どうもほんのひと握りくらいしかいなかったのではないか、とそう思えてなりません。民草の多くはだれもがヒトラーと手を握ることを「国家の恥辱」なんて思ってもいませんでした。

十月十四日、折から上京中であった連合艦隊司令長官山本五十六大将は、知友の原田熊雄に三国同盟締結にたいする憂慮と怒りをぶちまけています。

「実に言語道断だ。自分の考えでは、この結果としてアメリカと戦争するということは、ほとんど全世界を相手にするつもりにならなければ駄目だ。ソビエトなど当てになるもんじゃない。アメリカと戦争をしているうちに、条約を守ってうしろから出て来ないと誰が保証するのか。もうこうなった以上、やがて戦争となるであろうが、そうなったときは最善をつくして奮闘する。そうして戦艦長門の艦上で討死することになろう。その間に、東京大阪あたりは三度ぐらいまる焼けにされて、非常なみじめな目にあうだろう。……実に困ったことだけれども、こうなった以上はやむを得ない」

海軍の長老岡田啓介も『日記』に「三国同盟が日本のわかれ道だった」と記しています。

くり返します。しかし、政府も軍中央部も、多くの日本人はそうは考えていませんでした。松岡の、そして同調した近衛の、対米和平のために、日中戦争解決のために、これを日独伊ソ四国協商までひろげて、という強調を信じていたのです。しかし、そうではなかったのです。じつは、日本はこの軍事同盟によって、アングロサクソン陣営にたいする一大闘争の渦中にあえて身を投じることになったのです。間違いなく、いまや世界史の主役の一つに躍りでたのです。もう引き返せない一線を越えてしまったのでした。

そして、政府はそれゆえに日本精神運動に血道をあげて民草、いやもう日本国民を煽ります。英米というより米英というようになって、つまりアメリカを主敵とみる輿論は、日本国民の間に燃え盛るようになっていきます。たとえばアメリカの国技であるということで、十月十七日に日本野球連盟は選手、監督、マネージャーの名称を、戦士、教師、秘書などに変えさせられます。また十月三十一日から、煙草の名称「ゴールデンバット」は「金鵄」、「チェリー」が「桜」に不意打ち的に変えられました。敵性国家の言葉を使うな、という無茶苦茶な政策にもとづくものでした。

こうした事実を外電で知らされたアメリカ国民も、「何だと、ジャップの野郎め」という思いで、いっそう日本にたいする敵国視を強めていったのです。

＊1――フランス侵攻のドイツ軍の作戦構想は、完全にフランス軍の意表をつくものであったという。攻撃軍主力のA軍集団参謀長マンシュタイン大将の着想にもとづく作戦で、ルクセンブルクからベルギーと東南部に広がっているアルデンヌ高地の深い森林地帯を突破し、北フランスから攻めこむというもの。陸軍総司令官も参謀総長も、兵学の常識に反すると強く反対して

いた案であったが、ヒトラーが面白いといってこれを採用した。結果、マジノ線突破の大勝利はマンシュタインの功績とはならず、ヒトラーの軍事的天才によるものとされてしまった。そしてこのことがのちのちまで尾を引いた。

＊2――事件は、昭和八年七月の神兵隊事件に関係した前田虎雄、影山正治が「大東塾」の塾生三十人ほどを率いて起こしたもの。七月五日朝に首相官邸を襲撃して米内首相を暗殺するとともに、岡田啓介、牧野伸顕、池田成彬ら自由主義の巨頭らも殺害しようというものである。事前に警視庁が探知し、彼らが出発しようとするところを全員逮捕、ことなきを得た。

＊3――史書のいくつかは、もしゲーリングが戦術を変更せず、九月七日以降もレーダー・システム破壊をつづけていたら、イギリス空軍は応戦不能となり、ドーバー海峡の制空権はドイツ空軍が完全に握ったであろう、としている。まさにヒトラーは長蛇を逸したということになるのであるが。

＊4――軍事同盟というものの恐ろしさがここにある。そもそもが軍事同盟とは仮想敵国を想定しないことには成立しないものである。その「仮想」であるはずの敵国が、情勢の展開のなかで、いつ「真性」に転化するかわからない、というリスクを軍事同盟はいつも背負っている。日独伊三国同盟からわれわれが学ばなければならない教訓はそこにあると考えている。

第七話

「ニイタカヤマノボレ」への道

昭和十六年

この章の
ポイント

一九四一（昭和十六）年、野村吉三郎駐米大使は日米諒解案を作成し、日米開戦を避けようと奮闘します。一方、訪欧した松岡洋右外相は、ヒトラーと会談し、スターリンと日ソ中立条約を締結しました。ところが同年六月、独ソ不可侵条約を破りドイツがソ連に侵攻します。これに反発し、アメリカはソ連支援に乗り出しますが、日本は三国同盟を維持、対米英戦が迫ります。アメリカからの最終提案「ハル・ノート」が届きますが、受け入れず真珠湾を攻撃し、太平洋戦争がはじまりました。

キーワード

バルバロッサ作戦／四つの自由／日ソ中立条約／日米諒解案／ソ連侵攻作戦／対英米戦争／南部仏印進駐／大西洋憲章／真珠湾攻撃／ハル・ノート／グデーリアン大将

◆もっとも輝ける祭典

昭和十五年（一九四〇）十一月は、大日本帝国の〝もっとも輝けるとき〟でした。十日、十一日と二日間にわたって「紀元二千六百年」の慶祝式典が宮城前広場で挙行されたのです。一日目の十日には、文武高官、外国使節、地方代表など五万五千人が参列し、君が代合唱のあと、近衛首相が帝国臣民を代表して寿詞をのべ、天皇の勅語朗読、陸海軍軍楽隊による紀元二千六百年頌歌斉唱とつづき、最後に近衛の音頭で「天皇陛下万歳」が三唱されて式が終ります。首相の万歳はラジオで中継放送されて、全国の国民もそれに合わせて万歳三唱。おそらく日本全土に「大日本帝国バンザーイ」の声が響き渡ったことと思われます。まさしく国を挙げてのお祭り騒ぎの日でありました。

二日目の十一日、奉祝会総裁秩父宮の代理として高松宮宣仁が、奉祝の詞を天皇に奏上しました。ラジオに明晰な澄んだ祝辞が流れ、多くの国民は直宮の声をはじめて耳にすることになり、さらに国民を感銘させたことは、宮がそのはじめに、

「臣、宣仁」

と読んだことでした。国民は皇族は、とくに直宮は、臣下にあらずと思っている、そのときに高松宮が率先して「臣」と自称したことに、驚き以上のものを感じたのです。元老西園寺公望のように「情においては兄弟でも、あるいは母子でも、天皇にたいしては義において君臣

の間柄である……。ことにお直宮あたりは、いかにして陛下に忠節を尽くすか、ということについて、国民にたいしてはっきり範を示すだけの覚悟がなければならない」と明言する人がいたとしても、そのことを知らない国民に、直宮もまた「臣」つまり〝国民〟のひとりと思うものはほとんどいなかった。それだけにその発言に思わず耳を疑うものがあったとしても不思議ではなかったのです。

わたくしのおやじもそのびっくりしたものの端くれであったことを、妙に記憶しています。

「なに、たしかに高松宮さまは〝臣〟といったよな。俺の聞き間違いじゃねえよな」

と、おふくろに何度も確かめていた。そして、軍国おじさんたちがよくいっているように天皇陛下だけが神様（現人神）なんだなと、あらためてわたくしが思ったのもあるいはこのときではないかと、うっすらと覚えています。当時、十歳のわたくしはこの二日間の祭典のことはほとんど記憶に残ってはいないのですが、いま調べれば、祭典は日本全国にわたって大々的に催され、五日間にかぎって許可されたお御輿、山車、提灯行列、旗行列などがほうぼうの街をねり歩いたということです。昼酒の販売も特別に認められたらしい。それに酔っぱらっておやじがおふくろに何度も念を押したのかもしれません。

わたくしがたしかに覚えていることといえば、奉祝の花電車を浅草まで見にいったことと、「金鵄かがやく日本の、栄えある光身に受けて、今こそ祝えこの朝、紀元は二千六百年」の奉祝歌ぐらいのものです。しかし、いま思えば、その数日間は、まさしく日本精神昂揚の熱が最高に盛り上がったとき、そしてもろもろの国家の政策の実現を、国民がひとしく夢みた日々といえるのかもしれません。

◆モロトフ、ベルリンに行く

そしてそれと時を同じくしてベルリンでは、お祭りで浮かれている東京のことなどそっちのけで、歴史的にみて重大なことが独ソ間で話し合われていました。ソ連の外相モロトフが、十一月十二日の朝（ドイツ時間）ベルリンに到着、朝食もとらずにリッベントロップ外相との第一回目の会談をはじめていたのです。

ことのはじまりは十月十三日付で、ドイツ外相がスターリンにあてて「当面の政治問題を討議するため」という目的で、長文の書簡を送り、スターリンをベルリンに招待したのです。こんど結んだ日独伊三国同盟条約はソ連に対抗するものではなく、ソ連との友好関係はこの条約によって影響をうけるようなことはないことを前提として、リッベントロップはこうかいています。

「独ソの善隣友好関係ならびにソ日の善隣友好関係は、賢明に指導されるならば、すべての当事国にもっとも有利に作用し得る自然な政治的状況の所与の要素なのであります」

そしていろいろと甘い言葉でスターリンを誘ったあとで、こう結論づけます。

「要約しますれば、総統の見解によってもまた、四国の政策をもっとも長期的な視野で調整し、四国の利益を時間を超越した規準によって確定することによって、四国の発展を正しい道に指向せしめることが、ソ連、イタリア、日本ならびにドイツの歴史的課題であるということを、私は申しあげたいのであります」

スターリンがこの手紙を読んでどんな思いをいだいたか、はっきりしません。が、駐ソ独大使が十月二十二日に、リッベントロップあてに、自分のかわりにモロトフ外相を訪問させる、そのもっとも望ましい日として十一月十日から十二日の間を希望する旨の書簡を、スターリンが至急電報で発したことは明らかになっています。

こういう通信の往復があってモロトフ訪独の日が来たわけです。出発前にスターリンはモロトフに、フィンランド問題をはじめ最大限の要求をヒトラーに突きつけよと、きつく命じました。スターリンは明らかにヒトラーはいまイギリスとの戦争が思うようにいかず、立場上自分のほうが優位にある、自国との戦争に追いこむことなくヒトラーをして根本的なところで譲歩させることができると、かなり強気の判断をしていたようなのです。ならば、招待に応じることにしよう。そう自分にいいきかせて、外相に「突っぱねるべきときは十分に突っぱねろ」と命じたものと思われます。

独ソの政治討議は、首相の厳命どおりに、モロトフの強気で冷やかな発言ではじまります。さりとて、リッベントロップも決して負けてはいませんでした。なぜなら、モロトフがベルリンに着いたその日、陸海空三軍にヒトラーがスペインのジブラルタル占領を目標の「戦争指令第18号」を発令していたのを、独外相も心得ていました。そのなかにこんな文句も加えられていたからです。

「ソ連との政治的討議は、当面のソ連側の意図を探りだす狙いをもって開始される。だが、その結果いかんにかかわらず、すでに口頭で指令された東部戦線に関するいっさいの準備を継続すべし」

これでは外相同士の討議がスムースにいくはずはありません。とくにドイツ側にカチンときたのは、ノルウェー領のキルケネス港を目前に、フィンランドに駐屯するドイツ軍の引き揚げ、ソ連の利益を損ねるあらゆるドイツとフィンランド間の協定の破棄、の要求でした。そのほかモロトフが列挙する要求に、リッベントロップは眉をひそめ口を尖んがらかして反撥します。

この日の午後三時から、外相からの報告をとっくり聞いたあとで、ヒトラーはモロトフを総統官邸に迎えて、会談をひらきました。ヒトラーはイギリスの敗北は決定的であり、イギリスの遺産分配をソ連と相談することを第一の主題としたい、といい、

「独ソの二大国民が協力すれば、対立する場合よりも、より多くのものを獲得できる。両国民が対立すれば、それ以外の諸国が漁夫の利を得ることになる」

というと、モロトフは、

「総統のお考えは完全に正しく、とりわけ現在の情勢に妥当性をもっております」

と調子よく答えます。何となく会談はうまくいきそうな雰囲気でした。

が、話し合いが進むにつれて、ソ連外相はスターリンの名をもちだして、フィンランド問題を提起します。「スターリンは自分に厳密な指示を与えました」と、ヒトラーの想像以上に言葉を強めて、なぜフィンランドにドイツ軍が駐留するのか、独ソ協定はフィンランドに関してまだ有効であるかどうか。ルーマニアでドイツの軍事使節団は何をしているのか。さらに、「こんどの日独伊三国同盟にみられるヨーロッパとアジアの新秩序の定義を明確に示してほしい」と要求したのです。

ヒトラーは不愉快きわまりないといった声調で答えます。

「日独伊三国同盟はヨーロッパ情勢に秩序をもたらすものである。その際、ソ連をわれわれは排除してはいない。アジアでは、ソ連は大東亜圏の明確化に協力し、みずからその範囲についての要求を明らかにすべきであると思う」

その日は、そのへんまで討議したときに、イギリス空軍のベルリン空襲の情報が入り、急遽中止となり、これ以上は翌日に延期されることとなりました。その夜、ソ連大使館別館で訪独記念のパーティがひらかれましたが、ゲーリングが出席したものの、ヒトラーの姿はついになかったといいます。

◆バルバロッサ作戦の発動

翌十三日の会談は、ヒトラーの発言からはじまりました。例によっての雄弁さで、前日のモロトフの詰問やら疑問やら説明要求につぎつぎにふれていきます。ほとんどモロトフに言葉をはさませないくらい滔々と弁じていきます。そしていちばんの懸案のフィンランド問題をとりあげ、こう弁じました。

「ドイツはフィンランドにいっさいの政治的関心をもっていない。このことは貴国政府もご承知のとおりである。げんにロシア・フィンランド戦争の間、ドイツは絶対的な好意的中立に関するあらゆる義務を、細心の注意を払って履行してきたではないか」

モロトフはやっと口をだした。

「そのことに関しては、ソ連は何らの非難する理由を見出さなかったのであります」

ヒトラーがさらにつづけます。

「ドイツは戦争継続のために、フィンランドから産出されるニッケルと木材の供給にきわめて強い関心をもっている。しかし、ドイツはバルト海で新しい紛争が起こるのをまったく望んではおらぬ。ドイツ軍はフィンランドを通って、ノルウェー領キルケネスに向かって輸送されているのであり、このことはドイツから公式にソ連に通告してある。旅程が長いので列車は途中で二度か三度、フィンランド領内で停車しなければならない。駐留ではない。ただそれだけのことで、部隊の通過が終了すれば、それ以上ドイツ軍がフィンランドに留まることはない」

しかし、モロトフはヒトラーのこの弁解に近い饒舌に耳を傾けようとはせずに、これはスターリンの強い指示だとくり返し、ドイツ軍のフィンランドからの撤兵要求をいいつづけ、ついにヒトラーをカンカンに怒らせてしまう。さらには、いまフィンランドでしきりに起こっている反ソ示威行為も、ドイツがやらせているに違いないとまで、モロトフはヒトラーの睨みつけものともせず、外交官らしい冷静さをもっていいのけたのです。

そして、モロトフとリッベントロップの最後の会談は、十三日午後九時四十五分から、リッベントロップ専用の防空壕の中で行われました。空襲警報が発令されたためで、もちろん、ヒトラーが出席するはずはありません。

このとき、独外相は日独伊三国同盟がソ連には何ら影響を及ぼすものではないと、さかんに力説したようです。日本が唱える「大東亜圏」という概念は、ソ連の死活にかかわる勢力範囲とはまったく関係がない、それはハッキリといえると。そして三宅正樹氏の著書から長く引用すれば、こうもいったというのです。

「ヒトラーは、ソ独伊日の四国間に、勢力範囲を画定する試みがなされるならば有益であろうという見解を持っている。熟慮の結果、総統は、四国が世界の中で占める位置から考えて、四国の進出の方向はいずれも南に向かうのが賢明であるとの確信に到達した。日本は南進の進路をすでにとっており、南方で獲得した領土を固めるのに数十年を必要とするであろう。ドイツは西欧での新秩序確立を達成した後、南へ、すなわち中央アフリカのかつてのドイツ植民地に領土を拡大するであろう」

まことに外交官らしいリッベントロップの甘言と思うほかはない。ヒトラーがこのとき、南へと視線を向けているはずはないからです。諸史料をみると、ほぼ一致して、ヒトラーが対ソ戦を最終的に決断したのは、この十二、十三両日のモロトフとの会談の直後と結論されています。わたくしもまたそれに同感します。

余談ですが、この夜の独ソ両外相の会談のとき、こんな会話のかわされたこともいろいろな史料に残されています。これがまことにおかしい。外交というもののむずかしさが自然にわかってきます。警報どおりにイギリス空軍のベルリン空襲がはじまりました。リッベントロップは平気の平左を装ってか、モロトフに話しかけました。

「イギリスはもう滅びたも同然です。さあ、われわれ両人で遺産分割の話をしましょう」

するとモロトフが冷然といってのけました。

「もしイギリスが滅びたも同然ならば、なぜわれわれはいま防空壕に入っているのですか。落ちてくる爆弾はどの国のものなのですか」

このやり返しにも、リッベントロップは顔色一つ変えずに平然と、「さあ、どこの国のものかな」といったというのです。

いまになると、このモロトフとの会談前にあっては、リッベントロップがしきりに主張するように日独伊三国同盟にソ連も加えての四つの世界新秩序構想をえらぶべきか、それとも電撃戦でソ連軍を撃破してしまい敗者としてのソ連を加えてやっての新構想とすべきかの、二つの可能性を考えて、ヒトラーは迷っていたと考えられます。しかし、リッベントロップだけの見送りをうけて、モロトフが十一月十四日にベルリンを去ったのち、彼の決心はきちんと定まったといっていいようです。ゲーリングや海軍総司令官レーダーが対ソ戦反対の意見具申をしてももはや動じませんでした。ブラウヒッチュ陸軍総司令官は黙認、ハルダー陸軍参謀総長とカイテル国防軍最高司令部長官はやや消極的な反対意見をのべましたが、結局は彼らも反対することをやめました。

こうして、ヒトラーが対ソ戦争にたいして具体的な命令を発することになります。十二月十八日、「戦争指令第21号」がそれで、作戦名は〝バルバロッサ〟。神聖ローマ帝国皇帝フリードリヒ一世の別称で、「赤ひげ」とよばれた名君を意味します。

つまりはこの日、日本の指導層が〝もっとも輝けるとき〟の祭典で描いた大いなる夢想〈四国協商の威圧をバックとする対米交渉、そして東亜新秩序〉が、空に帰したときなのです。その十三日前の十二月五日は、日比谷公園で元老西園寺公望の国葬が行われた日でした。その日は冷たい木枯しが吹きすさび、樹々の荒々しい葉ずれの音がいっそうの悲しみを誘っていたともいわれています。

昭和十五年は暮れていきます。

十二月一日　大政翼賛会の本部が東京・丸の内の東京會舘に設置される。

十二月十二日　日本海軍は海相の認可を得て海軍国防政策委員会を設置する。第一委員会（国防政策・戦争指導）、第二委員会（軍備）、第三委員会（国民指導）、第四委員会（情報）の四委員会構成によって、いざというとき（南進の結果としての対米戦争）に備える。

十二月二十七日　横須賀海軍工廠で航空母艦〈瑞鳳〉の改装・竣工が終る。

十二月二十八日　商工省が洋紙配給統制規則を公布する。

そして作家永井荷風は大晦日の日記にこんな皮肉な文字をかきつらねました。

「〔いまの日本は〕石が浮んで木の葉の沈むが如し。世態人情のすさみ行くに従い人の心の奥底、別に見届けむともせざるにおのづから鏡に照して見るが如き思をなせしこと幾度なるを知らず。此の度の変乱にて戊辰の革命の真相も始めて洞察し得たるが如き心地せり。之を要するに世の中はつまらなきものなり。名声富貴は浮雲よりもはかなきものなる事を身にしみじみと思い知りたるに過ぎず」

荷風のこの国の傲岸そして無謀ともいえる軍事行動への慨嘆、いまになるとムベなりと思われるのみです。たしかに世情は荒々しくなっていくばかりなのです。

◆野村を駐米大使に任命

昭和十六年（一九四一）も明けていわばすぐの一月九日、ヒトラーは政治・軍事の幹部を集めて長い訓示を与え、ソ連攻撃計画を明らかにしました。要点を引用します。

「ロシアの支配者スターリンは利口な男のようだ。彼は公然とドイツに反対するようなことはしないだろうが、しかし、情勢がドイツに不利になると、やはり彼はドイツにとって厄介者と化すものと予想しておかねばならない。スターリンは、窮乏状態におちいったヨーロッパの相続人になろうと欲しており、しかも成果をあげる必要があり、西方進撃を志しているのだ」

「われわれは一歩前進するためには、敵のもっとも重要な陣地を粉砕するという原則によって、行動してきた。それゆえ、いまやロシアを粉砕せねばならないのである」（ホーファー『ナチス・ドキュメント』）

かくまでもないことですが、ヒトラーのこのバルバロッサ作戦計画は極秘とされていました。が、すでにちょっとふれたように、アメリカの外交官たちはもうこのころにはドイツの対ソ攻撃戦略の情報を十分に承知していたようなのです。ハル国務長官の『回想録』には、実際の日米交渉は少しのちのことになりますが、そのことが明確に記されています。

「われわれがドイツのロシア侵攻準備の情報をもっていたことは、私には日本と交渉する上でとくに有益だった。この情報はロシアと日本が合意する可能性（つまり四国協商）を完全に排除したのである」

じつはここが歴史的事実の不思議としかいえないところなのですが、一月のころには、日本はドイツのソ連侵攻の計画についてはまったく感知していなかった、というのがこの国の常識になっているのです。もちろんドイツがその最高の軍事機密を、いくら軍事同盟を結んだからといって伝えてくるはずはないでしょう。日本ほど各国の秘密情報戦でゆるゆるの、いわゆるいい鴨の国はないというのが当時の定評であるし、第一にヒトラーはもともと日本および日本人を軽蔑しきっていて信頼していないことはすでに何度もかいています。したがってまったく知らされていなかったといい切ってもいいと思うのです。

開戦を避けるべく駐米大使に就任した野村吉三郎（1877–1964）だが……

ところが妙な史料にこんどぶち当たりました。現在のロシアの歴史学者でアジア問題の第一人者と目されているスラヴィンスキーの『考証　日ソ中立条約』にこんなびっくりする記述があったのです。長い引用となりますが、これはどうしてもかいておきたくなるのです。

「ドイツが対ソビエト戦争の準備をしてい

るという情報はすぐ、さまざまなルートを通じて東京に伝えられ始めた。その一つは一九四〇年秋から日本とアメリカが両国の相互関係の緊張緩和に関して始めた交渉の場であった。アメリカの外交官たちは、自分たちの諜報機関が入手したドイツのソビエト連邦に対する攻撃が差し迫っているとの情報を日本外交官たちにも与えた」

いったいこれはどういうことなのか。首をかしげざるを得ません。なるほど、ここではくわしくかきませんが、アメリカの司教ウォルシュ、神父ドラウトの二人が来日、積極的に動き回って、外相松岡洋右、アメリカ局長寺崎太郎、陸軍省軍務局長武藤章少将ら要人とつぎつぎに会談、日米和平についての交渉をはじめたのは昭和十五年（一九四〇）十一月二十五日から二十八日まで。退役海軍大将野村吉三郎が駐米大使に任命されたのが、その間の二十七日。と、日本政府もその気になって、日米交渉がはじまろうとしていることはたしかなのです。そのときに、すでに独ソ戦争にかんする情報が、アメリカの外交官の口をとおして日本側に伝えられていた!?　これはほんとうなのでしょうか。

それを探る前に、そのころのアメリカ情勢についてふれておきます。日独伊三国同盟がアメリカを牽制するどころか、唯一の〝敵視〟すべき大国としてかえって怒らせ、屑鉄の対日輸出全面禁止という敵対行動にださせたことは、すでにかいたとおりです。そして十一月五日に大統領に三選されると、ルーズベルトは十一月三十日には中国に五千万ドルの追加借款供与をする。さらに十二月二十九日には、国民に語りかけるため好んで行っていたラジオの炉辺談話

炉辺談話にさいしてマイクの前に坐るルーズベルト（1882–1945）

で、アメリカが民主主義諸国の兵器廠となる、との決意を明らかにしました。

「今日、アメリカ文明は最大の危機にさらされている。われわれはデモクラシー諸国の偉大な兵器廠たらねばならない」

そしてナチス・ドイツにたいして初めてきびしい批判を加えます。

「虎は背を撫でてやったところで仔猫にはならぬ。ナチスと平和を保つには完全な降伏をその代償に提供する外に方法はない」

さらに、わが日本にちょっとだけ言及する。ただし、日本と名指すかわりに「アジアにおける枢軸国」とよんで、若干の目くらましをしていましたが、いずれにしても日本が独伊枢軸の仲間に入ったことを指摘し、それは日米関係のさらなる悪化をもたらすゆえに、日本が一日も早くその同盟の外へでることをそれとなく要求したのです。

そうはいいながらもルーズベルトは、なお足から中立法の鎖をはずせないようでした。

「お父さん方、お母さん方、私はここでもう一度くり返しいっておきたいし、今後もくり返しいうだろう。あなた方たちのお子さんは、外国の戦争に送りだされたりはしないのである」

この放送は日本でも聞くことができました。三国同盟から脱退せよと、アメリカの対日態度が硬化していることはあまりにも明瞭です。そんなアメリカの外交官たちからそっと極秘情報を耳打ちされても、日本の外交官さらには政府や軍部が信じないのは、あるいは無理からぬことだったのかもしれません。首をかしげるほうがおかしいのか、とは思いつつも、それにしても日本の情報筋はお粗末すぎる、という溜め息はやっぱりつかないわけにはいきません。

◆アメリカ大統領の年頭教書

話があちこち飛びますが、また昭和十六年の初頭に戻ります。

・狂ひ咲く躑躅の小庭初日さす

・からすみを別送すとや初便り

随筆家で芸能家でもあった徳川夢聲の初春の句です。そして夢聲は自解を加えています。「この正月は、珍しく庭のツツジの花が狂い咲いた。まさか、太平洋戦争の前兆という訳でもあるまいが、年賀状というものがほとんど来なかった」と。

ついでに例によって永井荷風の『断腸亭日乗』の一月二日の記をごく短めに。

「午後銀座より浅草に行く。家に在る時は炭の入用多くなればなり。浅草公園の人出物すごきばかりなり。駒形辺また田原町辺より人波を打ちたり。赤十字の白き自働車二三台警笛を鳴して飛び行くを見る。浅草にかぎらず今年市中の人出去年よりも甚しきがごとし」

と、なべてこの世はこともなしであったとかきたいのですが、そうもいきません。一月七日の国民新聞は「日米戦争は必然的だ」と長文の社説をかかげて論じているのです。そして、近衛内閣は年明け早々からいっそう日本精神強調による戦時体制確立への動きを増強していました。大袈裟にいえば、やがて戦うことになるかもしれない対米英戦争のための準備は着々と、といってもいい。

一月六日、そのアメリカでは、ルーズベルト大統領は議会への年頭教書として、また談話を発表しました。これは炉辺談話とは異なり堂々として、なかなか立派なものでありました。

「人はパンのみにて生きるのではないと同様に、武器のみにて戦うものでない。みずからの生活様式にたいする信念にもとづく活力と勇気とをもつことが大事なのである」

といい、「四つの自由」の実現をアメリカ国民に訴えたのです。

①言論と表現の自由
②信教の自由
③欠乏からの自由（健康と平和的な生活の保障）
④恐怖からの自由

かくまでもないことでしょうが、大統領がとくに強調したかったのは④の自由であったと考えられます。つまりヒトラー・ドイツの世界制覇の恐怖と断乎として戦おう、というアメリカ第一主義にたいする批判に重点があったのではないか。基本的な人間の自由の上に立って恐怖を排除し平和な世界の実現をめざそうと、ルーズベルトは国民に訴えたのであると思われます。この④の恐怖のなかに〝枢軸国〟日本も含まれていたかどうか、ハッキリしませんが。

この年頭教書を太平洋を隔てて遠くに聞いていた日本では、その翌々日の八日に、陸軍は陸相東条英機大将の名で「戦陣訓」を全軍に発令していました。あるいは「世界史のなかの昭和史」とは関係のない話かもしれませんが、大統領談話に対比して、何か妙に気持ちにひっかかるものがあるので一筆しておきます。

「生きて虜囚の辱を受けず、死して罪禍の汚名を残すこと勿れ」

の一行に代表されるように、わずか三千文字あまりのこの訓令が、「四つの自由」がアメリカ国民に与えた影響以上に、これからの日本人の精神にたいして、あまりにも深刻な打撃を与えたことはたしかであったからです。

そしてまたその陸軍の中央部では、ルーズベルトのいう〝恐怖〟の一端を荷うかのように、一月十六日「大本営陸軍部会議」がひらかれ、大東亜長期戦争指導要綱というはなはだ剣呑な計画を採択していました。このときの作戦部長田中新一大佐の説明は意気軒昂、すこぶる楽観に満ちたものでありました。曰く、日米戦争の危険は相当大なるものがあるが、昭和十六年内に本格的戦争に入るものとは想定していない。ただし、いつ戦争となっても差し支えない作戦準備は一日も早く完成しておく。曰く、ソ連の対ドイツ、対日本の二正面作戦の準備はできていない。曰く、南方の要地攻略作戦はおおむね五カ月ですむであろう。曰く、大東亜共栄圏建設の第一段階として仏印とタイを共栄圏内に編入することになる、などなど。

そしてそのあとで、質疑応答が行われている。そのなかで興味深いのは、陸軍の指導層を悩ませている重大問題はやはりソ連で、いよいよ南進を進めていくとき、はたしてソ連軍が満洲に出撃してくるようなことはほんとうにないか。それとももう一つ、ドイツがソ連と戦端をひらく危険はないか、また、そうなったら三国同盟の加盟国としてこれに巻き込まれないではたしてすむか、という点であったようなのです。

「東条陸相　ソ連の対日戦争準備の程度はどうか。

田中部長　決意後三、四カ月を要する。しかし、ドイツがソ連に進攻し、東西両正面同時戦争の場合には、いまのソ連では準備には数年を要する。

東条　ソ連に対する開戦準備すなわちわが兵力の北方転用にどのくらいの期間が必要か。

田中　おおむね四カ月で十分」

と、そんな一問一答が戦史叢書『大本営陸軍部』に残されています。

しかし、はっきりいって、世界情勢はまことに不透明であり混沌としているように思われ、日本の政府も軍部も採るべき明確な戦略政略もなくいわば立往生していたというのが、いちばん正しいいい方なのかもしれません。事実、せっかく策定した陸軍の長期戦争指導要綱でさえ、陸軍だけがいわば勝手につくってみた計画にすぎず、大本営政府連絡会議はおろか海軍中央にみせる気さえさらさらなかったのです。その時点で、上層部が考えていたのは野村新駐米大使をアメリカに送りだして、日米交渉の端緒を早くひらきたいということであったといえます。大統領とは知己の関係にある野村ならうまく話をつけるであろうという楽観であったのです。

◆松岡外相の訪欧の旅

「自分はこれからアメリカへ行き、日米戦争が起こらないように、懸命な努力をする決心であるが、今後、日米の外交関係が緊迫するにつれ、日本人が熱して、日本から戦争を仕掛けないよう注意してもらいたい」

何度となくひらかれた送別会の席上でそう挨拶した野村を乗せた商船が、横浜港を出帆したのは一月二十三日でした。ところが、桟橋に集まった外務省の幹部たちは、少数の人をのぞいて、ほとんどがこのシロウトの新大使の船出を冷やかな眼で見送りました。[*1] まったく他人事の如くでした。駐日大使グルーもひそかに危惧していることを日記にかいています。

「彼は英語を話すことが、明らかに得手ではないのである。私には彼ががっちりした米国の上院議員や下院議員、さては新聞記者や官吏に取りまかれて、自分の議論を押し進めるところを、想像することもできかねる。（中略）野村提督の任命に私が見出す唯一の潜在的有用さは、彼が日本の政府に、米国政府と国民が何を考え、書き、話しているかを忠実に報告するだろうとの希望である」

しかし、新大使を送りだしたあとの外務省では、親独派の局部長の面々が、日米交渉とは異なった方向に日本外交の新しい展望を見出そうとしていました。それはこの不透明の世界情勢下にあっては、日本の進むべき道を見出すために必要な情報を、ベルリン、ローマそしてモスクワで直接入手する必要があるということ、そのためにも外相みずからのヨーロッパ旅行がいまやいちばんの検討課題となっていたのです。

折も折から、ヒトラーから松岡外相をベルリンに招待する誘いがきていました。リッベントロップが直接にそのことを無線電話で伝えてきました。三国同盟調印のとき、電話で挨拶を交わしただけでしたから、是非にも総統がお目にかかりたいといっている、とドイツ外相は松岡を喜ばせる一言をつけ加えて。じつは、いまになるとこのときのドイツの魂胆には、イギリスをなんとか降参させるために日本に東洋の牙城たるシンガポールを攻略させるという戦略的思惑のあったことが明瞭になっています。シンガポール攻略は日本にも大きな利得のあることを納得させるために、松岡に招請状をだしたというわけなのです。

松岡はがぜん張り切りました。「松岡は思いつきのいいところもあるが、間違った方向をしゃにむに突進する。日独同盟問題のときでも、ドイツと手を握ればアメリカは引っ込むというの

ベルリンの総統官邸を訪れた松岡外相（左から２人目）と握手するヒトラー

が、松岡のかたい信念であった。物事を客観的に判断しないで、自分の主観を絶対に正しいと妄信するから危険である」（『海軍大将米内光政覚書』）との米内の評どおりに松岡の主観妄信の突進がはじまります。さっそく二月三日の大本営政府連絡会議で松岡は提出した「対独伊ソ交渉案要綱」をめぐって熱弁をふるいます。そして強引に全員の承諾を得ます。

訪欧の主目的は、日独伊の三国が協力してソ連を三国同盟の趣旨に同調させ、仲間に引きこみ、領土尊重を互いに約すとともに、日ソ国交調整（北樺太の買収、ソ満国境紛争処理など）を期す、というものでした。

こうなるとその焦りはもう止まりません。二月十日の『昭和天皇実録』にあります。

「病気の首相に代わって参内の外務大臣

松岡洋右に一時間四十分にわたり謁を賜う。その際、外相より自身の欧州訪問、及び対独伊ソ交渉案要綱につき奏上を受けられ、外相の訪欧を御聴許になる（以下、くわしく要綱の内容が記されているが長すぎるので略）」

そして外務省に戻るとさっそくオットー大使を招いて、リッベントロップの招待に応じて訪独すると、ニコニコ顔で告げると、そっと耳もとにささやくのです。

「日本政府はシンガポールに予防的攻撃を考慮している」

連絡会議の席上で、軍部から「訪欧には賛成するが、くれぐれも軽々しく妙な言質や約束をしてくれるな」と念を押されていたにもかかわらず、まったくどこ吹く風の調子のよさでありました。

こうして三月十二日、松岡外相は訪欧の途につきました。東京駅頭は見送りの人の波であったといいます。じつはその前日の十一日に、アメリカ議会は武器貸与法を制定しました。これはある国の防衛がアメリカ防衛に不可欠であると大統領が認めた場合、その国にたいして物資を「販売、権利移転、交換、賃貸、無償貸与、ないし処分」する権限を大統領に無条件で与える、というものでした。すなわち、ルーズベルトは中国やイギリスにタダで無限の軍需品を送ることが可能になった、というわけです。

そんな大きな決定がアメリカにおいてなされているのも知らず、松岡外相は頭のてっぺんから足の先までご機嫌で、日本を離れていきます。『B面昭和史』で、このときの外遊の往復に詠んだ松岡の俳句をめぐって、わたくしは文人俳句の第一人者の作家嵐山光三郎氏との対談をすでに引用していますが、どうも余談もここに極まれりの感がありますが、ここでもういっぺんそれを引きたくなりました。確たる腹案もさしたる自信もなくしての渡欧なのに、松岡がいかにいい気になっていたかが、よく察せられるからです。なにとぞご容赦を。

嵐山：「ウラル山何時越えけるか雪つづき」。なるほど、得意絶頂の頃で、自慢してる。

半藤：つまらない句だねえ（笑）。

嵐山：若山牧水みたいで（笑）。「花の園花の顔花曇」も、気取って鼻にかけてるし。

半藤：「松岡座稼ぐ旅路や十万里」。ヨーロッパへ行った連中を全部集めて「松岡座」と称している。旅芸人じゃあるまいし、松岡座と得意になっている。

嵐山：いい気なもんです。自分で「松岡座」と言っているのが高慢ちき。

半藤：人間、有頂天のときはそういう気持になるのでしょう。

嵐山：「万歳の唇紅し花の人」は、ファシスト松岡洋右の本性が出ていますよ。ヒトラーの人民の煽り方と似てますね。美しく着飾らせたヒトラー・ユーゲントの少女隊が目に浮かびます。（以下略）

◆ヒトラーの悪魔のささやき

松岡外相らの御一行は賑々しく、いや騒々しくか、シベリア鉄道を西進し、いっぺんモスクワに立ち寄ったのちにドイツに入り、三月二十六日にベルリンに到着します。その夜には、ヒトラー主催の晩餐会がひらかれるという大歓待で迎えられました。松岡の句ではないですが「花の園花の　顔」に囲まれて、松岡はさぞ有頂天になったことでしょう。

と、この晩餐会の席上で、新任の駐ドイツ日本大使大島浩が松岡に、独外相から知らされた話として、新情報をそっと伝えたというのです。

「ドイツは現在百五十個師団もの大兵力をソ連にたいし配置しているということです。もしソ連が日本を攻撃することがあれば、ドイツは武力をもってソ連を攻撃することを辞せず、といっております」

この秘密情報の意味することはまことにむずかしいのです。イギリスの外交官ニコルソンの名著『外交』をその昔読んで思わず唸ったことを思いだします。こと外交においてはきびしい通告も婉曲な言い回しがなされる、とニコルソンはかいています。「自らの利益を考慮せざるを得ない」とは関係断絶の示唆であり、「明確な留保を表明する」といえば「許せない」ということを意味する。となると、このリッベントロップの大島へのささやきは、言っていることの正反対のことで、そこから〝ドイツはいまやソ連に矛さきを転じようとしている。そのときには日本も即応してソ連に進攻してほしい〟という意味を読みとるべきなのかもしれません。いまや得意満面になっている松岡にはそれだけの判断がはたして可能であったでしょうか。

こんな風にドイツでの松岡を細かくかいていてはキリがありません。それに『昭和史』ですでにいっぺんかいておりますし、それと重なるのを承知で、以下はできるかぎりわかりやすく簡略にかくことにします。

松岡はヒトラーと三月二十七日と四月四日の二回、膝をつき合わせて会談しました。「東京裁判」では、そのとき同席した当時の情報局長のメモが、証拠資料として提出されています。それによってかくと、三月二十七日、二人はまず日本のシンガポール攻撃とイギリスの壊滅という将来の問題について真剣に討議しました。そして一九四一年が歴史上決定的な年となるであろう、という点で大いに共鳴し合った。イギリスは間違いなく崩壊すること、アメリカは自国にこもって孤立すること、ヨーロッパとアフリカはドイツが、アジアは日本が、それぞれ盟主としてこれを統治する、という夢みたいな世界観をたがいに披露します。

そしてヒトラーはいいました。

「いまほど日本にとって歴史的未曾有の絶好の機会はない。若干の危険は必然的にともなうが、ロシアと英国がとりのぞかれ、米国の戦備がまだ整っていないときにおいては、その危険は非常に小さいものである。それゆえに、シンガポールを一日も早く日本は攻撃すべきなのである」

「日本とドイツの間になんの利害の衝突が存在しないという事実は、とくに好都合である。日本がヨーロッパにほとんど利害関係をもたないのとまったく同様に、ドイツもアジアにたいしてはほとんど利害関係をもたない。このことは、日本のアジアと、ドイツのヨーロッパとの間の協力に、最善の基礎をなすものである」

おそらくこのときヒトラーは、よく記録映画などでみるように、大きなジェスチャーをまじえて滔々とやったものでしょう。松岡はじっと耳をすませて聴きいっていたにちがいないのです。が、大言壮語の好きな松岡としては「わかりました。よろしい、仰せのとおりシンガポールをやりましょう」とは、さすがにいわなかったらしいのです。かろうじて抑え、約束はしなかったことをほめてやりたくなります。

越えて四月四日には「日米戦は不可避である」といいながら松岡は、だからといって、いまただちにアメリカにたいして戦端をひらくことには反対する多くの日本人がいることを訴え、こう語っています。

「米国の指導者は、南方からアメリカ向けにゴムおよび錫の輸送の自由を日本が保証するならば、中国や南方（東南アジア）植民地のためにあえて日本に戦いを挑むようなことはしないであろう。しかし、日本が大英帝国の没落のためにドイツに力を貸して対英参戦をするという印象を与えるならば、アメリカは日本にただちに開戦するであろう、ということを前々から宣言している。この宣伝はイギリス文化に育まれてきた日本人には相当な効果を発揮している」

これにたいし、ヒトラーはきびしく批評を加え、松岡を励まします。

「そのようなアメリカの態度は、イギリスが存在するかぎり、いつかイギリスと手を結んで日本へ進撃してくる、という野心を表明していることにほかならないではないか。裏を返せば、イギリスが没落してしまえば、勢いアメリカは孤立せざるを得ないことになる。その場合は日本にたいしてなんらの手段も構ずることができない、という憂慮をもっていることを証明しているではないか」

こんな風に、ヒトラーの雄弁によって尻を叩かれ鼓舞されたのでは、松岡がだんだんにその気になって、アメリカ恐るるに足らずと、シンガポール攻撃を約束してしまった、と思ったとしても、それほど不思議なことでないかもしれません。しかし、いくつかの史料をみてもその事実はなく、やっとの思いで踏みとどまったのはたしかです。『昭和史』で、その理由として、帰国してそのことを報告したときに「大義もなくドイツの手助けのためにシンガポールを叩くとは」とそれこそイギリス贔屓の天皇が激怒するのが目に見えていたから、としましたが、その思いはいまも変わりません。

◆モスクワ駅頭での抱擁

こうして松岡は、ヒトラーと三国同盟を祝い、今後ドイツはヨーロッパとアフリカ、日本はアジアで新秩序をつくると確認し合って鉄道に乗り、モスクワに向かいました。四月六日朝、独ソ国境の小駅マルキニアに一行が着いたとき、ラジオは勇壮なドイツ国歌につづいて、特別ニュースを報じました。早暁、ドイツ軍がユーゴスラヴィアとギリシャへの進攻を開始したのです。その前日にソ連はユーゴ反ドイツ新政権と「相互不可侵条約」を締結したばかりのときでした。作戦名が「刑罰作戦」とは、それにたいするヒトラーの怒りでもあったのでしょうか。

例によって空からの連続的猛爆撃によってユーゴの首都ベオグラードは廃墟と化し、市民一万七千人が爆殺されました。何の資料であったか忘れてしまいましたが、燃えさかる首都の動物園から一頭の大熊がさまよい出て茫然自失の態で、うろうろよろよろと火の中を歩き回っていた、と妙なエピソードがかかれていたのを思いだしました。結果としてユーゴは十二日に降伏。ユーゴとほぼ同時にギリシャも降伏しました。そして翌十三日、ドイツ軍はベオグラードに入城します。

モスクワ駅頭でスターリン（右）やモロトフ外相らの見送りを受ける松岡外相（左）

スターリンは顔色を失いました。ユーゴ新政府と条約を結んだのがまずかったか。茫然自失したのはベオグラードの大熊だけではなかったのです。

と笑ってはいられません。松岡外相の一行がモスクワに着いたのが、じつはその四月十三日。通過点のつもりであった松岡は、はじめからスターリンに会えることなどは期待していませんでした。ところが、なんと、儀礼的にモロトフ外相と話し合っている席に、滅多に交渉の席には顔をみせないスターリンが何を考えたのか忽然と姿をみせたではありませんか。そして、いきなり日ソ両国は中立条約を結ぼうではないか、とソ連側から提議してきた、というのです。一説に、日独伊ソ四国協商の構想を強く画いている松岡のほうから、いい機会とばかりに、スターリンにもみ手をしつつ、二人で「電撃外交」をやって全世界をあっと驚かせようじゃないか、といいだしたという説も残っていますが。

松岡は、ソ連の提議にたいして中立条約ではなく、不可侵条約を結ぶことを希望します。これにあまり口をきかないスターリンが、モロトフの助けを借りながら松岡に、

「それなら南樺太と千島列島を、ソ連邦に返してもらいたい」

とソ連政府としての重要な条件を直接に口にしました。松岡はその要求はのめないといい、結果的には不可侵条約でなく中立条約への変更が余儀なくされたといいます。

不可侵条約とは、双方の領土はおたがいに攻撃することを禁止し、相互間に侵略は行わない、とするとりきめです。ソ連側は「わが国の輿論は、日露戦争で失った地域の返還をともなわない不可侵条約を想像することはできない」と正直にいい、日本側はその熱望をやむなくひっこめるほかはなかったわけです。それでも松岡は十分に満足しました。そしてものすごいスピードで三カ条から成る中立条約がつくりあげられ、その第一条に「両国の領土の保全および不可侵を尊重する」の条文を織りこむことができるからです。また、主文である第二条

はいう、「締結国の一方が、一または二以上の第三国よりの軍事行動の対象となる場合、他方の締結国はその紛争の全期間中、中立を守る」と。意味するところは、かりに独ソ戦が起これば日本は中立を守り、いっぽう日米開戦となってもソ連は中立を守る、ということです。松岡の政略的計算は見事に達せられたのです。そして条約の有効期間は第三条で五カ年の長さときめられました。

思いもしていなかった成果に、松岡はすっかり御機嫌になります。日露戦争いらい仮想敵国視しつづけてきたソ連と、中立条約を結ぶのです。しかもたがいに不可侵を尊重するのです。松岡は、ソ連の首脳を前に得意の八紘一宇論を展開し、スターリンが執拗に「ならば南樺太と千島を売ってはくれまいか」といいだすのにたいして、

「小さい、小さい。世界地図を見よ。ソ連はインド、アフガニスタンに出よ、日本は目をつぶっているから」

と大気焔をあげる始末でした。

こうして午後二時四十分に、日本側は松岡と駐ソ日本大使建川美次、ソ連側はスターリンとモロトフが出席して中立条約は調印されます。とにかく急げ急げで、松岡が日本へ帰るために乗り込む予定の列車を、スターリンの命令で一時間のばして調印するという、まことに芝居がかりの演出まで行われました。そして調印が終ると、ウォツカ、コニャック、シャンパンがぬかれ、乾杯また乾杯でした。

モロトフは「本日をもって、日ソ中立条約が成立をし、ここに世界平和および日ソ国交の基礎ができ上がった」と乾杯をし、スターリンは満面に微笑をうかべて、「天皇陛下および日本国民のために乾杯！」とやってのける。近衛首相や松岡のための乾杯もあいつぎました。たいして松岡は「私は約束を実行する。私がウソをついたら、日本流に腹を切って、この首を差し上げる」とスターリンに大見得をきる。スターリンが「汚い首なんかいらない」と断ると、満場は爆笑につつまれました。

また、このときスターリンは日本大使館付の海軍武官に近づくと、

「これで日本は安心して南進できますなあ」

と声をひそめていったといいます。南進したくてたまらない海軍中央の思惑をじつによく見越していたことがわかります。

お祭り騒ぎはそれだけですみません。午後五時、松岡の一行がモスクワを出発しようとしたとき、発車寸前に酔って千鳥足のスターリンが現れたのです。同じように酔っていた松岡も大喜び。その上に、スターリンは衆人の面前で松岡の肩を抱いていったというのです。

「おたがいにアジア人なんだからなあ、われわれは」

スターリンが大勢のみているところで人を抱擁するということは、その生涯でかつてなかったことであったといいます。このことは松岡を心から感激させました。もっともスターリンは見送りにきていた駐ソ独大使にも、こっちは肩に手をおいて「われわれはいつまでも友人であ

らねばならない。そのために私は何でもする」とやさしいことをいったという。日本と手を握ったいまは、スターリンの心配はドイツのみとなったのです。

こうしてみると、日ソ中立条約の締結に、松岡以上にスターリンが喜んでいたといったほうがいいようです。ドイツが対ソ侵攻を計画していると告げるいくつかの情報がとどいていたが、かりにそれがほんとうだとしても、東の日本と西のドイツから、同時挟撃という悪夢から解放されたのですから。条約のアッという間の締結は、日本流にいえば、天佑神助は松岡よりスターリンの頭上にあったといえるのかもしれません。

◆日米諒解案の行方は？

日ソ中立条約の思いもかけない締結は、スターリンにとって喜悦の極みでしたが、日本側の松岡〝座〟の一行にも大いなる成功と考えられていました。スターリンが宴席でささやいたように、これで日本は背後を気にすることなしに南進が可能になったことを意味するからです。松岡の得意たるや、これは想像を超えていたと思われます。そして新聞がかきたてるその〝救国の英雄〟の帰国を迎え、東京市民は朝から深夜まで、千駄ヶ谷の松岡邸の門前で万歳を三唱しつづけました。松岡の増上慢の鼻はいよいよ高くなるばかりです。

ところが、ちょうど時を同じくして、日本政府には日ソ中立条約の成立を喜んでばかりはいられない重大な案件がとどけられ、その対応に頭を悩ませているところでした。日米交渉です。

それは四月十六日、松岡の一行がシベリア鉄道で帰国の途中のことに発します。ワシントンでは野村大使がハル国務長官、ウォルシュ司教、ドラウト神父たちとじっくりと話し合っていました。その前におかれた机の上には、四月九日にまとめあげられた「日米諒解案」の草案がおかれていました。*2

その草案にはまずこうかかれています。

「日米両国間の伝統的友好関係の回復を目的とする全般的協定を交渉し、これを締結せんがために、共同の責任を受諾する。両国政府は、左記の諸点につき、事態を明瞭にし、調整し得べしと認めらる」

そして三つの項目がかき連ねられています。結局は無と化したそれらをすべてかくのはうるさいだけと思われますので、例として第三の項のみを掲げておくことにします。

「〈一、太平洋の政治的安定に関する両国政府の方針〉日米両国代表間の会談は、ホノルルにおいて開催。米国を代表してルーズベルト大統領、日本を代表して近衛首相。本会談は第三国オブザーバーをいれざるものとする」

ほかに〈一、欧州戦争に対する両国の態度〉と〈一、支那事変に対する両国政府の関係〉と、当面している諸問題にきちんと対応し、細部にまで目の配られたことが記されています。

ところが、ハル長官はこの草案を黙読すると、ポイと机の上に投げるようにおいて「わが国はこの案については、修正、拡大、抹消、拒否、別個の示唆、反対提案、独自案などのあらゆる自由を留保する」と明言したのです。例の外交的言辞でわかりづらいのですが、要するにこの案はアメリカ政府の正式の提案ではないし、承認しているものでもないぞ、と念を押してきたわけです。一言でいえば、単なる作文にしかすぎない、といわんばかりです。それでも野村は、とにかく交渉の緒口というか基礎ができたと内心ホッとするものがあり、この案文を日本政府に至急に打電送信しました。

四月十七日午後から十八日朝にかけて暗号で送られてきた「諒解案」の解読がすすむにつれて、政府も軍部も次第に喜びを大きくしていきました。

「これをそのままに受けとれば、アメリカは八紘一宇の趣旨を了解する、満洲国承認、三国同盟も現状のままでよし、そして石油・ゴムなどの資源の輸出も従来どおり……ということになるのじゃないか。それをきめるためにホノルルで近衛・ルーズベルト会談がひらかれる。まるで渡りに舟、棚からボタ餅みたいないい話ということになる」

参謀本部作戦部の戦争指導班の『機密戦争日誌』四月十八日にも、自然と筆が躍ったようにこう記されています。

「一、ユーゴー遂ニ対独無条件降伏ス
　欧州情勢独伊有利
　極東情勢〔日ソ〕中立条約ニ依リ日本有利

二、突如米ヨリ飛電　日米国交調整妥結ニ至ラント　至急回答セヨト
米モ亦太平大西二正面作戦困難
中立条約成立ニ依リ日本ノ南進有利
米モ亦日米開戦ヲ欲セザルモノノ如シ
三、帝国外交モ積極活発化セリト云フベシ
（四以下略）」

さらにこれを近衛首相の側近富田健治の手記『敗戦日本の内側』でみれば「東条陸相も武藤軍務局長も、岡軍務局長（海軍）も大変なハシャギ方の喜びようであった」ということになるのです。しかし、そうはトントンと運ばないのが国際関係というものの常。こっちの思うとおりに運んだら何の苦労もいらないのはかくまでもないことです。

まずイスカの嘴の食い違いは、松岡外相が四月二十二日に小雨降る立川飛行場に到着、帰国の第一歩を踏んだときからはじまったことは、昭和史にちょっとでもくわしい人にはよく知られています。あっさりとかけば、この日米諒解案の話し合いが自分のいない留守に勝手に進められたものと誤解したところに発したのです。当時世界的に日の出の勢いであったヒトラーやムッソリーニと会見し、他国の外交官とは会ったこともないといわれるスターリンと中立条約を結び、モスクワ駅でその見送りまでうけたこの俺を、蚊帳の外において何を近衛はやっているのか。三国同盟と中立条約を武器にアメリカと堂々と正面から渡り合い、日米国交調整が

できるのはこの俺しかいない。何がホノルル会談だ！　そう考える松岡は完全につむじを曲げてしまったのです。二十二日夜にひらかれた大本営政府連絡会議で、松岡はいい放ちます。

「アメリカは、第一次世界大戦のとき、石井・ランシング協定を結んで、背後の脅威をのぞいてから、大戦に参加した。戦争が終ると日本との協定を破棄してきた。これと同じで、アメリカの真意はわからない。われわれをだましているのかもしれない。自分は、二週間ばかり考えてみたい」

会議は〝英雄〟松岡のこの気焔に押しまくられて閉会。そのあとは近衛首相はすっかり不機嫌になり、苦りきった顔で私邸に閉じこもったままとなり、側近が訪ねても会おうとすらしない始末。まったくやる気を喪失してしまいます。

それで結論はどうなったか？　簡単にかいてしまえば、五月三日になってやっとまた大本営政府連絡会議がひらかれますが、松岡が突然に日米中立条約案を提議し、日米諒解案については無茶苦茶に高姿勢な日本側対案を追加的に提出し、得意の饒舌でまくしたて強引にこれを決定させたのです。そして五月七日、野村大使は送られてきたこの訓令にもとづいて新たに日米中立条約案を示し、その意向を打診すると、ハルはいともソッ気なくいった。

「それは四月九日の文書とはまったく関係ない話だ。アメリカ政府はいまは交渉の基礎となる基本原則についてだけを考えている」

そこでつづけて野村が、松岡案ともいうべき日本側の対案があるが「お渡しいたしましょうか」というと、ハルは「いや、渡してもらわなくともいい」と、これまた冷たくいい放った。野村はやむなく日本政府の対案を机の上において帰らざるを得ませんでした。いまになれば、暗号解読機構〝マジック〟の開発によって、アメリカ政府は日本外務省の暗号送受信はすべて解読することが可能になっており、ハルはすでに内容を知りぬいていたのです。

前首相米内光政の言葉を借りれば、「三国同盟を結んでおいて日米国交調整をやろうというのは、はじめから無理な相談」(小泉信三『私の敬愛する人びと』)であったとするのがいちばん正しいこと。松岡がごねて諒解案を無効にしなくても、はっきりいって日米交渉がうまく軌道に乗ることはあるいはなかったのかもしれません。というのも、アメリカがこの諒解案の第一次修正案を示してきたのが五月三十一日、さらに二十日もあとになって第二次修正案が日本にもたらされたのです。しかもそれは「満洲国承認」などは完全に除かれ、日本側が落胆せざるを得ないほど冷やかなものであったのです。アメリカ政府ははじめから本気でなかったというほかはありません。

たしかにドイツとの同盟を結んだままでは、日米交渉は日本が考えていたほど最初から容易に進むものではなかったのです。

◆謎に包まれたヒトラーの書簡

五月八日、野村大使が日米諒解案の日本側の対案をハルに渡した日の翌日のことになりますが、松岡は宮城に参内し、天皇にまた一時間三十分にわたって、何ともびっくりするようなことを奏上しています。それは目下いちばん重要な日米諒解案を真ッ向から否定するような松岡流の時局観の開陳でした。『昭和天皇実録』から長く引きます。

「外相は天皇に対し、米国が欧州戦争に参加する場合には、日本は独伊側に立ってシンガポールを攻撃せざるを得ないため、日米国交調整もすべて画餅に帰すること、また米国が参戦すれば長期戦となるため、独ソ衝突の危険あるやもしれず、その場合我が国は日ソ中立条約を廃棄し、ドイツ側に立って対ソ攻撃をせざるを得ないこと等を奏上する。奏上の要点は、三国条約に抵触する如き日米諒解案は取り付けないこと、米国問題に専念するあまり、独伊に対して信義に悖る如きことがあれば辞職のほかないということにあり」

天皇はさぞ驚倒せんばかりであったであろうと想像するのですが、『実録』にはかかれていません。三国同盟も日ソ中立条約も、戦争回避のためのものではなかったのか。そう思われていた天皇は、その翌日、「外相をとり代えたほうがいいのではないか」と木戸幸一内大臣に洩らしたという。

と、昭和史に注目している間にヨーロッパ情勢のほうがよりはげしく動きだしていました。それは四月三十日のこと。ヒトラーはユーゴとギリシャとを降伏させると、バルバロッサ作戦の発動日を六月二十二日と、国防軍最高司令部の作戦部長ヨードル大将に内示したのです。

ユーゴ攻撃作戦のために予定より五週間も遅れたことになりました。じつはこの一カ月余の遅れがのちに対ソ作戦を挫折させることになるとは、ヒトラーも神ならぬ身で予想だにしなかったのですが。というのも、この年は例年よりも早くきびしい冬が到来したからです。

と、一気に独ソ開戦に飛んでいってしまう前に、字義どおり余話ではありますが、まことに面白い書簡についてやはり落とせないと思うのでかいておきます。それは前にもいっぺん紹介したわが友人で、ナチス研究のいまや第一人者といってもいい大木毅君の『ドイツ軍事史』にある秘話、ということになります。

すなわち、その驚くべきことというのは、この年の五月十四日付のヒトラーの書簡で、宛てさきがなんとスターリン。しかも、なんでまたこのときに!? ヒトラーはすでにソ連攻撃のバルバロッサ作戦の発動を国防軍に下令しているのです。そのときにかかれたヒトラーの書簡というのですから、おのずから舌なめずりがでてしまいます。大木君の著書から引きます。

このヒトラーの手紙には、

「ドイツ国民のあいだにはイギリス人に対する親近感があり、（中略）なんとか独英戦争をやめさせたいとする気分があるとする。加えて、イギリス軍の偵察を避けて、東部国境に集結している約80個師団のドイツ軍、そして、それに対抗してソ連軍部隊が展開している事実は、独ソ戦の噂を引き起こさずにはおかないだろうとも指摘した。／しかし、ヒトラーは『国家元首としての名誉にかけて、そのようなことは起こらぬ』と保障し、にもかかわらず、かような状況では偶発的な衝突が生じぬともかぎらないと危惧してみせる」

とかかれていたというのです。これを素直に読むと否応もなしに、〝いやはや、ヒトラーは役者よなあ〟と感嘆するほかはないのですが……。

さらに引用をつづけると、

「ヒトラーは、およそ一カ月後、六月十五日から二十日にかけて東部のドイツ軍を西部に移動させる計画だと打ち明け、『これに関連し、貴下にお願いしたいのは、責務を忘れたわが将軍たちの一部がしでかしかねないあらゆる挑発に、断固として応じないようにしていただきたいということである』と結論づける」

と、ここまで読むと、やはり眉に唾をつけたくなってきます。およそ一カ月後のドイツ軍大部隊の動きを明かす必要はまったくない。まやかしもここまでくると、度を越していると思いたくなります。それにこの書簡の現物はなし。加えてドイツ側からは、ヒトラーとスターリンが書簡を交わしていたことを証明する文書も証言もいっさいでてきていないという。大木君も同書で結論づけています。

「問題のヒトラーの秘密書簡も、なんらかの意図があってつくられた偽文書である可能性を疑わなくてはなるまい」

これに同意しつつ、さてさて歴史をかくことの面白さとともに恐ろしさをあらためて痛感する。偽文書であろうと、無数の情報源からドイツ軍の侵攻作戦が着々と整えられているとの報告をうけていたにもかかわらず、なぜスターリンはなんら対抗処置をとらずに緒戦で大敗を喫してしまったのか、その戦史の大きな疑問に答えるためにも、このヒトラーの極秘書簡はまことに有効とつい思いたくなってしまう。それで、恐るべし、恐るべしと、呪文のようにとなえたくなってくるのです。

そういえば、スターリンがドイツの攻撃を軽視していた証の一つとして、日本人にも関係あるような面白いエピソードがあるのでつけ加えておきます。[*3] 例のノモンハン事件のときのソ連の〝英雄〟ジューコフにかかわる話です。あれいらいスターリンに重用されていまや赤軍参謀総長にまで昇進していたジューコフは、ドイツの対ソ攻撃は必至とみて、スターリンに西部国境の防衛強化をうるさいくらいに意見具申していました。そのしつこさに激昂したスターリンは窓が割れんばかりの勢いで怒鳴りました。

「『君は持っている勲章が足りないので戦争を望むのかッ。もし君が私の許可なしに軍隊を移動させ、国境地帯でドイツ軍を挑発しようとしたら、その時は首が飛ぶぞ、いいか』

そしてスターリンはドアをバタンと大きな音を立てて閉めて、部屋を出ていった」（バトラー『ローズヴェルトとスターリン』）

◆天皇のきびしい質問

スターリンが「あり得るはずはない」とどんなに否認しつづけていようが、〝壮大な〟ともいえるドイツ軍のソ連侵攻作戦は、六月二十二日未明に開始されました。総統ヒトラーは、対ソ宣戦布告を夜明けとともにラジオで流しました。

「私は、ドイツ国民とドイツ帝国、そしてヨーロッパの運命を、ふたたび国防軍の手中にゆだねる」

その叫びに応ずるかのように、百五十三個師団三百万人、戦車三千五百八十輛、飛行機二千七百四十機の大機甲兵力が攻撃を開始。迎え撃つはずのソ連軍兵力は戦車二万四千輛、飛行機二万三千二百四十機、しかし準備不足もはなはだしかったといいます。が、いずれにしても、かつてこれほどの両軍の戦闘力がいっぺんに戦場に投入された例は世界史上ありません。

三国同盟締結時の目的である日独伊ソが提携してアングロサクソン陣営に当たるという日本政府の大いなる目論見は、この瞬間に崩壊し、ソ連も米英側に加わったことになります。世界はいまや二つの陣営にわかれました。理論的には、このとき、約束を破ったドイツと手を切って三国同盟を廃棄、局外中立の名のもとに世界戦争から脱出できるチャンスが日本に訪れたのです。せっかくアメリカもイギリスも、日本がこの戦争（ソ連攻撃）に加わらないように、日本を苛立たせることは何としても避けようと配慮することを決めていたのですから。

しかし、日本政府はあえて三国同盟に固執しました。ドイツの勝利を信じて、その後にきたるであろう新秩序の世界地図を想像したからです。そのために、日本がいま採るべき方策は、ただちにソ連に戦火をひらくべきか、黙って見守るべきかの、すこぶる物騒な二者択一ということになったのです。いままでの強気一点張りの判断の延長線上にあるものとはいえ、ほんとうに惜しいチャンスを逃しました。みずから国家敗亡の道を選んだといえます。

はじめて〝対英米戦争〟という文字があらわれた「情勢ノ推移ニ伴フ帝国国策要綱」は、こうした世界情勢の激変を背景に、六月二十五日に、苦心して作文されたものでした。一言でいえば「大東亜共栄圏の建設」「南北併進」「目的達成のためすべての障害を排除する」、そして「帝国ハ本号目的達成ノ為対英米戦ヲ辞セス」と明文化した最初のものであり、日本としては戦争決意を表明した運命的な国策の決定であったのです。対米英戦争への大日本帝国の第一歩は明らかにここに踏みだされました。

そしてこの国策は、七月二日の御前会議において、昭和天皇の裁可をえて正式に決定される。ちなみに開戦まで昭和十六年に四回御前会議がひらかれており、これはその第一回目のものとなるわけです。

そして、この日の御前会議では、松岡が強く主張する「ただちにソ連を撃つべし」という〝戦争〟論よりも、〝平和〟的な南方進出（南部仏印平和進駐）のほうがましと考えて、やや妥協的な匂いの強い作文が国策としてとりあえず「南北併進」と決定されました。ただし、この決定にたいしてどんな思いを天皇が抱いたか、については『実録』には明らかにされていません。

ただわずかに木戸の「手記」（『木戸幸一関係文書』）に、「南北併進」の政策にたいして、六月二十二日の時点で、天皇がいかに憂慮していたかを示す発言が記されています。

「松岡外相の対策は北方〔ソ連〕にも南方〔南部仏印〕にも積極的に進出する結果となる次第にて、果して政府、統帥部の意見一致すべきや否や、又、国力に省み果して妥当なりや等につき頗る御憂慮被遊る」

このころアメリカはすでにふれたように日本の外交暗号の解読に成功しています。外務省よりドイツ・イタリアの日本大使館あてに打たれた秘密電報により、七月八日には、アメリカは御前会議決定の日本の国策をくわしく知るところとなっていました。ルーズベルトもハルも、もはや黙ってはいられない気持ちになっていました。

七月二十三日、予定どおり大本営は南部仏印進駐を決定します。ただちに二十六日にはアメリカは在米日本資産を凍結する。二十八日、日本軍はサイゴンへ堂々と無血進駐。待っていたとばかりアメリカは、八月一日に石油の対日輸出を全面的に禁止すると発表する。日本の軍事行動にたいしてアメリカは強硬な戦争政策で対応してきたのです。

日本軍部の目論見は、七月中に進駐すれば十一月には基地が完成する、十二月以降の戦争の危機にも十分に対応できるということにありました。十月から仏印は雨期に入る。その前に航空基地を完成しておかなければならない。これが進駐を急いだ大きな理由なのです。それがまさか石油の輸入全面禁止というしっぺ返しに遭うとは、だれも予想すらしていませんでした。

しかし、天皇にはある種の予感があったのかもしれません。石油の対日輸出禁止の直前の七月三十日、仏印進駐と対米作戦に関することの上奏のため参内した軍令部総長永野修身大将と、御学問所でこんなきびしい会話をかわしています。

「博恭王が軍令部総長在職時代に対英米戦争を回避するよう発言していたとして、現総長永野の意向に変化あるや否やにつき御下問になる。永野より、前総長と同様、できる限り戦争を回避したきも、三国同盟がある以上日米国交調整は不可能であること、その結果として石油の供給源を喪失することになれば、石油の現貯蔵量は二年分のみにしてジリ貧に陥るため、むしろこの際打って出るほかない旨の奉答を受けられる。天皇は、日米戦争の場合の結果如何につき御下問になり、提出された書面に記載の勝利の説明を信じるも、日本海海戦の如き大勝利は困難なるべき旨を述べられる。軍令部総長より、大勝利は勿論、勝ち得るや否やも覚束なき旨の奉答をお聞きになる。暫時の後、侍従武官長蓮沼蕃をお召しになり、前軍令部総長の博恭王に比べ、現軍令部総長は好戦的にて困る、海軍の作戦は捨て鉢的である旨を漏らされ、また勝利は覚束ないとの軍令部総長の発言につき、成算なき開戦に疑問を呈される」

『実録』に記されているこの永野総長の返答には驚くほかはないのではないでしょうか。ジリ貧になるから、このさいこちらから先制攻撃に打って出たほうがいい、しかし勝つかどうかは覚束ない、といっているのです。対米戦争となれば海軍が主役です。その海軍の総指揮官がそういっているのです。

さらに同じ三十日、参謀総長杉山元大将にも天皇はきびしい質問をしています。

「天皇は、南部仏印進駐の結果、経済的圧迫を受けるに至りしことを御指摘になる。参謀総長より予期していたところにして当然と思う旨の奉答を受けられたため、予期しながら事前に奏上なきことを叱責される」

南部仏印進駐が想定外ともいえる結果をうんだこと、それは「予期していたこと」とぬけぬけと答える参謀総長に、天皇はかなりショックをうけたのでしょう。「なぜ、それをいわなかったのか」ときびしく「叱責」の言葉をぶつけています。

しかし、すべてはあとの祭りでした。営々として貯蔵してきた日本海軍の使用できる石油量は、連合艦隊が、一年半くらい活躍できる量しかない。いまやそのエネルギーの根源をとめられたのです。座して対米屈服か、一か八かの戦争かの、二者択一を迫られた日本は、戦争を覚悟で三、四カ月以内に石油を求め、南進せざるを得なくなったわけです。

と、じつは、ここで本書は「完」としてもよい、あとは「対米英戦争に一瀉千里に突き進んでいった」とかいて……。いや、そのほうがあるいは正しいのかもしれません。なぜならこのあとの「四つの御前会議」をへて対米英開戦に突入していく道程については、『昭和史』『真珠湾」の日』『B面昭和史』そして『聯合艦隊司令長官　山本五十六』など、いままで上梓したいくつもの拙著でなんどとなくかいているからです。結局は同じことをくり返してかくというのはあまり楽しいことではなく、ましてや読まれるほうの皆さんにはさらに面白くなく、あるいはアクビがでるだけのことでしょうから。

◆米英のソ連への接近

とはいうものの、これを世界史的な観点からみると、新しい、興味深い事実がみつからないでもないのです。それで、やや尻込みしつつなお報告をさらにかき進めていくことにします。その一つが、アメリカの輿論の変化とルーズベルトのスターリンへの急速な接近なのです。

ドイツ軍の電撃侵攻作戦はものの見事な成功をみました。ソ連軍は完璧な不意打ちを喰らって、前方守備態勢はアッという間に崩壊してしまう。ポーランド軍やフランス軍を相手に目の覚めるような集中決戦をドイツ軍がみせていたにもかかわらず、ソ連軍の防衛計画は双方の主力が激突するまでには十日以上はかかるとの想定のもとにつくられていたからです。スターリンがラジオをとおして、「われわれの大義こそが正当であり、敵は粉砕され勝利はわれらのものとなろう」と、いくら獅子吼しようと、その甲斐はまったくなく、ドイツ軍は南、北、中央の三方面からぐんぐんと侵略の地を拡げていきました。

七月十二日、それまで単独でドイツ軍と苦しい戦いを戦っていたイギリスのチャーチルが、やっと行動を起こしてソ連との軍事協定に調印しますが、アメリカ政府は日本の動きに焦点を定めているためか、それに呼応する気配すらみせません。その間にもドイツ軍の攻撃は衰えることなくつづいていました。そのアメリカで、八月一日、日本への石油の全面的禁輸を決定した閣議で、なによりもヒトラー嫌いのルーズベルト大統領がはじめて怒りを交えた声でこういったというのです。

「ソビエト人たちはすでに六週間も戦闘をつづけている。ソビエト人たちは武器を必要としており、六週間も前からわれわれは武器を送る約束をしているのだ。それなのにここワシントンではぐらかしてばかりいて、彼らのために何も行っていない。いったいどういうことなのだ」(『スティムソン日記』)

じつはルーズベルトは、ドイツ軍のソ連進攻がはじまると間もなくの七月二十七日、側近のホプキンスをモスクワに送りこんで、スターリンと二時間もの長い会談をさせ、ソ連の要望を聞きとどけていたのです。ホプキンスが、自分はソ連の対独戦闘を援助したいと希望するルーズベルトの個人的使者として来たのだ、といったとき、スターリンは満面を喜びでくちゃくちゃにしつつ、即座に対空砲二万門、ライフル銃百万挺を望んで、こういったというのです。

「米軍部隊がソビエト戦線のいかなる部門へも、米軍の完全な指揮のもとに、来援することをわれわれは歓迎すると、大統領に伝えてくれ給え」(バトラー『ローズヴェルトとスターリン』)

その約束（いくらか個人的ではあった）があったのに、閣僚も軍部も容易に腰を上げようとはせず、輿論もまた、ソ連援助は得るものより失うものが多いと、そっぽを向いたままであったのです。苛立ったルーズベルトは我慢ならないとばかり、小児麻痺のため動きもままならぬ身を奮い立たせ、重巡洋艦オーガスタに乗りこみます。そして八月八日に英首相チャーチルとニューファンドランド沖合で落ち合って、対ドイツ戦勝利のための諸問題について話し合うことを決意するのです。

この会談の最終日の八月十四日に、二人の国家指導者による初めての共同声明が世界に発表されます。これが大西洋憲章で、八カ条から成っていて、あらゆる秘密条約を断罪、民族自決権を主張、力による領土併合に反対、そしてすべての国の国民に自国国境内で安全に居住できる平和の確立を希望することを宣言したのです。そうした堂々たる宣言の裏を丁寧に読みとれば、これは明らかにルーズベルトがドイツ軍の侵略を徹底的に批判し、ヒトラーを挑発し、それに乗ったヒトラーから一発アメリカへ向けて撃たせようとの意図が透いてみえます。つまり、イギリスおよび民主主義諸国の残存勢力によってつづけられている戦争の戦列に、アメリカも加わる意志のあることを示した、といえるのではないか、そう思われるのです。

そしてこのとき、ルーズベルトとチャーチルは連名で、わざわざスターリン宛てにかなり長い書簡を送っているのです。そこでモスクワ会議を提案し、米英ソが共同してヒトラー打倒に力を合わせようとまで述べているのです。その上で書簡は最後にこう締められています。

「われわれは、ソビエト同盟の勇敢な、毅然たる抵抗がヒトラー主義を打ち破るのにどんなに重要であるかを十分に知っています。だから、われわれは、われわれの共同の資源の将来の配分計画を立案するというこの仕事で、事情のいかんを問わず、急速かつ遅滞なく行動しなければならないと考えます。

フランクリン・D・ルーズベルト
ウィンストン・S・チャーチル」

八月十五日に受けとったスターリンは、もちろん、大喜びでした。ソビエト政府も。そして軍部はとりわけ勇気づけられました。

そして重要なのは、ヒトラーがこの大西洋憲章の挑発には乗らなかったということ。じつは別のことに関心をもっていたのです。八月十八日、ゲッペルスが提案してきた「ユダヤ人迫害強化」、すなわちベルリンのユダヤ人約七万六千人を東方（アウシュヴィッツなどの収容所）へ追放することを承認しています。アメリカのことなどに気を使うことはぜんぜんなかった。むしろ、アメリカとの戦争に強い関心をもっていたのは、わが大日本帝国であったのです。

◆「可分論」と「不可分論」

欧米においてそうした表面には派手ではない外交の裏工作がすすめられているとき[*4]、日本では、暑い夏が空しく過ぎていっていました。日米交渉は何らの進展もみせない。その間に近衛首相のしたことは、対ソ攻撃の無茶苦茶な強硬論者であった松岡外相を、始末に窮して、内閣総辞職することで追いだし、第三次近衛内閣を組織（七月十八日）したことだけ。しかし、天皇はなお信頼を近衛に寄せ、日米諒解案にかかれていたルーズベルト大統領との頂上会議に期待をもちつづけています。

けれども、歴史というものは、なんどもかきますが、素直に素早く、そしてまっすぐには進んではくれない。アメリカ政府の日本への回答は煮えきらず遅々たるもので、時間だけがどんどん過ぎていく。

そして九月五日午後四時半ごろ、しびれをきらした大本営政府連絡会議で意見の一致した御前会議の議案「帝国国策遂行要領」をもって、近衛首相がいわば不意打ちといっていいくらい突然に参内してきました。その内容たるや、天皇はもちろん木戸内大臣をすら驚かせるに十分のものがありました。「要領」を簡単に記すと、

一、米英に対し戦争を準備する。

二、これと併行してとにかく日米交渉は進める。

三、十月上旬になっても日米交渉成立の〈目途なき場合は〉米英に対し戦争を辞せざる決意をする。

というもので、臥薪嘗胆の外交努力ではなく、国策の第一が戦争準備となっています。しかも御前会議は明日にひらきたいという。木戸は驚いて、近衛を難詰します。

「突然に、こんな重大案件をもってこられては、陛下にお考えになる暇もなく、お困りになるほかはないではないか」

と木戸は身を震わせて怒ったものの、じつはこのとき、軍の戦争への歯車はすでにフル回転していたのです。軍の力学というものは動きだすと、それはすさまじい勢いで働きだす。もう止めることができない激しいものとなるのです。

つまり、軍部では、対米戦争を覚悟せよ、という空気がもう醸成されきっていました。太平洋戦争の絵図を陸海軍がいつ描いたのかは諸説ありますが、わたくしがいちばん信憑性があると思う説は、参謀本部と軍令部、陸海双方の参謀が初めて顔を合わせて討議した十六年四月十七日です。この日、海軍側の素案をたたき台として両方の参謀が討議した結果、「対南方施策要綱」を策定しました。ポイントはつぎの点です。

〈大東亜共栄圏建設の途上に於て帝国の当面する対南方施策の目的は帝国の自存自衛の為速かに総合国防力を拡充するに在り〉

陸海双方が合意したこの要綱で明らかにされたことは、開戦目的が「大東亜共栄圏の建設」であると同時に「自存自衛のため」ということです。

そして、自存自衛のためにやむを得ず武力行使する場合についても陸海軍で討議して、次の二点に限るとしました。すなわち、

①　アメリカ、イギリス、オランダの対日禁輸によって帝国の自存を脅威せられた場合

② アメリカが単独もしくはイギリス、オランダ、中国などと協同して、帝国に対する包囲態勢を逐次加重し、帝国国防上忍び得ざるに至る場合

ちなみに②は後のＡＢＣＤ包囲網の原型となりました（ただ、このＡＢＣＤ包囲網という言葉は、軍部ではなくマスコミがつけた名称ですが）。

この対南方施策要綱は、陸海軍双方の軍人官僚である参謀たちが捻り出した作戦計画でしたが、すでにかいたように、世界情勢は、日本の想定を上回る急速なスピードで激変しています。

もし戦争に突入しなければならないとなった場合、アメリカからの石油輸入が断たれてしまっているであろう日本は、次善の策を東南アジアに求めなければなりません。蘭領東インドや仏領インドシナが産油国ですが、これらの国々は宗主国の国力が疲弊しきっているので日本が抑えやすいと目論んだわけです。しかし日本軍がここへ軍事的に進駐するにはフィリピンやマレー半島のシンガポールの防御的要衝を突破しなければなりません。フィリピンは実質的にアメリカ領ですし、マレー半島もイギリス統治が進んでいます。

ここで、陸軍と海軍の間で見解が分かれました。

陸軍はマレー攻略、なかでもシンガポールを最重要ターゲットとして攻略することを主張します。しかし、シンガポールはイギリスが鉄壁を誇る、難攻不落の一大根拠地です。

いっぽう海軍では、戦力集中が容易なフィリピン近海およびパラオ諸島に主力を集結し、そこからオランダ領東インドに進駐するのが合理的だとする声が大勢を占めています。シンガ

1941年ごろの南洋地図

ポールを落とすには二〜三カ月、いやもっと長期間かかる恐れがある。それゆえにまずはパラオから蘭印を経て時計回りに順に進攻し、資源をきっちり確保し、最後にシンガポールへと大挙して進軍する——これが理に適っているというのです。

要するに、南方の石油を確保するためには「資源確保最優先」の海軍と、「シンガポール最優先」の陸軍の間で意見が真っ二つに割れて、大論争になるのです。

そしてもう一点、米英の連携をめぐる認識でも、陸軍と海軍は対立します。シンガポール攻略戦を開始したとき、イギリスが応戦するのは当然ですが、そのときはたしてアメリカがイギリスに加担するか否か？　アメリカも一緒に起つので戦況はかなり危ういという認識を示した海軍にたいして、陸軍はフィリピンに手を出さなければアメリカは静観して、イギリスと共同歩調をとることはない、という立場を譲らなかったのです。

つまり、アメリカとイギリスの対日関係について、「可分論」をとる陸軍にたいして、海軍は「不可分論」をとって、真っ向から対立したのです。しかし、陸海軍双方の認識は、最終的にはシンガポール攻略が必要で、そのためには航空機の発着拠点を確保するための南部仏印進駐はどうしても欠かせない、ということでは一致しました。事実、計画はそのとおりにその後運びました。

さきの九月三日の大本営政府連絡会議での重大決定のウラには、四月いらいの陸海軍の対米戦争へ向けての力学が働いていたことは否めないと考えられます。が、対米英戦争の主役となるべき海軍には、陸軍の相反する意見を押しのけての開戦の全責任をとるだけの確信も蛮勇もありません。それで連絡会議では、字句の修正で何とか責任の一端をとることにしようとあくせくしました。陸軍案の「戦争を決意し」というのは直接的にすぎる、と難癖をつける。「戦争を決意の下に」にしたらどうであろうか、ちょっと間接的になる。いや、それでもまだ……

と海軍。ならば「戦争を辞せざる決意の下に」では、どうか？　ここで陸海が意見一致します。日米頂上会議に夢をつないでいる近衛も、これを了承。そして、九月三日のたった一日の会議でこの重大な「帝国国策遂行要領」がきまったのです。

そんな経緯を知らぬ天皇がいきなりの御前会議開催の奏上に憂慮の念を深くしたのは当然です。陸軍中央部も海軍中央も、勝算のとぼしい大戦争に眼をつぶって飛びこもうというのですから。六兆五百五十億円の戦費を投じ、十九万人が戦死、九十五万人が傷つき、しかもなお七十五万人が戦場である中国大陸にあった昭和十六年に、さらに大戦争に突入することの正否や無謀さは、勝算よりもさきに論ずべきであったのです。

しかし、引き返すべきときはとうに去っていた、というほかはありません。何とか和平交渉の成立を、と歩みはじめた道を振り出しに戻す、ただ一度ともいえるチャンスは、こうしてはるかに遠のいていったのです。

◆よもの海みなはらからと……

翌九月六日午前十時、御前会議は宮城内東一ノ間でひらかれ、筋書きどおりに「戦争を辞せざる決意の下に」外交交渉を行い、「十月上旬頃に至るも尚我要求を貫徹し得る目途なき場合に於ては直に対米（英蘭）開戦を決意す」という国策を決定してしまいました。十月上旬までは、九月六日から一カ月しかない。

この決定は、日本軍部が日本政府に与えた〝とにかく短期間で外交のケリをつけろ〟という引導といってもいいようです。しかも錦の御旗のサイン入りです。四月いらい五カ月もかかってまとまらなかった日米交渉が、あと一カ月でまとまるということに、確信をもてた日本の政治・軍事の指導者がはたしていたのでしょうか。十中の八、九は戦争突入であるとし、陸軍も海軍も、天下晴れて戦争準備に精をだすことになります。銃剣の音を高鳴らせても文句をいうものがいないのです。天皇が首相、外相、陸海統帥部に念をおした外交第一主義による和平は、所詮気休めにすぎなかったようです。

御前会議は、はじまるとすぐに永野総長が立って、先制攻撃と作戦地域の気象の関係から、開戦決意の時機を決定したといい、「大坂冬の陣のような平和をえて、翌年夏には手も足も出ない状態になってから戦争せよ、ということにならないよう、国家百年の計のために決心すべきである」と主戦論をぶつ。つづいて杉山総長も永野に負けじと主戦論。日米交渉は米英の術策だといわんばかりに、果敢な戦争決意をうたいあげます。

そして、このあと多分長くかかったであろう外交交渉にかんする細かいやりとりの間に、主戦論をぶった統帥部の両総長の発言はまったくありませんでした。まさか外交のことは政府の仕事で、われら統帥部にはまったくかかわりのないこと、もはや戦争のほかに国家のとる道はないと、知らぬ顔の半兵衛をきめこんだわけでもありますまい。なぜなら政治（外交）の延長線上の、そのはてに軍事があることは、杉山も永野も十分に認識しているはずです。

天皇はそのことに大いなる危険を感じたのかもしれません。『昭和天皇実録』にあります。

「会議のまさに終了せんとする時、天皇より御発言あり。天皇は、事重大につき、両統帥部長に質問すると述べられ、先刻枢密院議長が懇々と述べたことに対して両統帥部長は一言も答弁なかりしが如何、極めて重大な事項にもかかわらず、統帥部長より意思の表示がないことを遺憾に思うと仰せられる。さらに天皇は、毎日拝誦されている明治天皇の御製『よもの海みなはらからと思ふ世になと波風のたちさわくらむ』が記された紙片を懐中より取り出し、これを読み上げられ、両統帥部長の意向を質される」

「よもの海みなはらからと……」に昭和天皇はどのような思いを込めたのか

ここにある「よもの海みなはらからと……」の御製をもって、戦後刊行された多くの史書は、天皇の平和愛好の精神を示されたものとしています。たしかにそれに違いないし、事実、軍にたいする最大の警告でもあったと思います。

そうなのでありますが、ここに奇妙ともいえる一つの証言があるのです。当時軍令部作戦部長であった福留繁少将の『海軍生活四十年』にあるもので、会議一決の後に、永野総長がこういったというのです。

「統帥部の判断では戦うもまた亡国免れ難いかも知れませぬ。戦うも戦わざるも亡国ということでありますならば、戦って九死に一生の活路を求めるほかないと存じます。戦わずして招く亡国は心の底まで亡びる永久の亡国になります。護国のために最後の一兵まで戦い抜いた亡国は、必ずや我らの児孫が受け継いで再起三起するでありましょう。われら将兵は陛下の御命令一下最後の一兵まで戦う覚悟であります」

かくまでもありませんが、『実録』にはこの永野の〝最後の一兵まで〟戦わんの壮語はない。『実録』には、参考文献としてほかのところよりはるかに数多いさまざまな史料があげられていますが、福留のこの戦後の著書は影すらもありません。それに福留はこの会議に列してはいませんので、会議退出後の永野から聞いた話なのでしょうか。ほんとうに会議一決のあとの発言であったかどうか、信憑性がどこまであるか、いまになるとそれはわかりませんが。

◆ドイツ軍の快進撃

ドイツ軍の快進撃は、この間にもつづいていました。ヒトラーは全軍を鼓舞するように、陸海空三軍の総司令官に強い言葉で訓示しました。

「ロシアの崩壊は、他の戦線から引き抜けるすべての兵力を使用して強行せねばならない。それは一九四一年中に完全に実現しないかぎり東部戦線の継続は不可能となるからだ」

それゆえの猛攻をうけて、ソ連軍は、指揮の中枢である各方面軍司令部が後退し指揮が途絶えたので、退却することが戦闘となり、各部隊はばらばらになって、退却戦を戦いつつ、とにかく後退をつづけなければならなくなりました。九月十九日、要衝のキエフが陥落、街は完全に瓦礫化しました。そして翌日には、余燼と銃声の残る市街を、武装解除されたソ連軍捕虜が、延々と列をなして市外の収容地に向かって歩いていました。

キエフ占領はドイツ軍に全ウクライナとクリミア半島の大半を手中におさめる道をひらき、モスクワに進撃するための南方からの足場を与えることになりました。

また、ドイツ軍に包囲されたレニングラードでは、その攻撃が激烈を極めもはや支えきれないと考えた守備軍司令官ヴォロシーロフ大将は絶望的となり、市を明け渡すことを決心しようとしていました。市が完全に孤立した九月十一日に、スターリンはジューコフ大将に特命をだし、ヴォロシーロフを解任し、レニングラード守備軍司令官に任じます。しかし、ジューコフが途中で戦死することが十分考えられます。「やむを得ん。新軍司令官に任命する辞令は、君がレニングラードに無事に着いてからだすことにする」といったといいます。それほど包囲攻撃はドイツ軍が圧倒的に優勢であったのです。

しかし、ジューコフはまさしく無事にレニングラード市に到着し、ただちに市の防衛態勢を一新します。ソ連軍の抵抗は一気に強まりました。のちにアメリカ軍最高司令官アイゼンハワー大将が語ったといいます。「ヨーロッパの戦争が勝利をもって終ることのできたことに、連合国軍はジューコフ大将に大きな恩義がある。彼以上に恩義のある将軍はほかにはいない」と。その言や善し、レニングラードを陥落させなかったことが、その後の戦勢の潮の流れを変えさせた大きな契機となったのはたしかです。

その数日後の九月二十四日、ヒトラーはご満悦で自分が構想しているヨーロッパ新秩序について、党総務局長ボルマンと国家保安本部長官ハイドリヒに得々として語っています。

「私の構想では、ノルウェー、オランダ、フランダース地方、デンマーク、スウェーデンは永久に占領下におくつもりだ。英国？　そうだな、英国はもともと五、六世紀にゲルマン民族が征服した地であり、英国人はつまりドイツ系だといえる。人道的に指導し、ドイツと緊密な同盟関係を結ぶようにしたい」

そしてソ連については、モスクワを攻略してからゆっくり考えようではないか、とニコニコしながら二人にいったというのです。

ところで、そのソ連では、そのころモスクワ防衛戦のための築城に大童であったのです。三方面に布陣した師団数は歩兵師団八十、機械化歩兵師団二、戦車師団一、戦車旅団一、騎兵師団九。総計は独ソ戦に投入された第一線の全ソ連軍の半分にあたります。それに全航空兵力の三分の一が集められました。といっても、一個師団の兵数は七千人以下、平均では五千人でしかなかったので、兵力の総数は約八十万、戦車七百七十輛、航空機は三百六十余機でしかなかったのです。

そして防衛線の築城といっても要塞をつくる時間的余裕はなく、地雷敷設、塹壕の延長、鉄条網の拡大、防御物の積みあげなど、いずれも基本的ないし古典的な防御対策でしかなかった。しかも最高司令部から、たとえば西部方面軍司令官コーニェフ中将に与えられたのは、第一次大戦型の陣地固守であったのです。これで勝利につぐ勝利で怒濤の勢いで攻めかかってくるドイツの機甲兵団を防ぎきれるのでしょうか。

当然のことながら、ソ連政府がドイツとの単独講和（降伏）に走るのではないか、との懸念をチャーチルをはじめイギリス政府筋が抱くようになります。事実、スターリンは外交ルートを使って、新たな連合国の対独第二戦線が設定されず、米国も参戦しない場合には、ドイツとの講和の可能性をチャーチルにほのめかしたりします。

このことをチャーチルから知らされたルーズベルトはさっそくスターリンに、書簡を送信しました。その一部、肝腎のところを。

「われわれがみなソビエト軍の勇敢な防御戦闘にどんなに感嘆させられているか、私は、あなたにお伝えすることができないくらいです。私は、貴国自身の戦線をふくめて、あらゆる戦線で、ヒトラーと戦うのに必要な資材と補給をするための道が見出されるものと確信しています。／この機会を利用して、私は、貴国軍隊が結局にはヒトラーに勝つという、私の確信をとくに表明したいと思います。また、できるかぎりの物質的援助を与えようとするわれわれの堅い決意を、あなたに保証したく存じます。敬具」

厳冬のモスクワ攻撃で活躍を期待された勇将グデーリアンだったが……

九月三十日にこれを受けとったスターリンは、十月三日付でルーズベルトに返信を送ります。これも肝腎のところを引きます。

「私は、ヒトラー軍が対ソ戦線にありとあらゆる圧力を加えるために、きっと冬季前の数カ月を利用しようとつとめることに顧みて、モスクワ会議の決定事項の実現（武器援助など）をできるだけ速やかに、完全に保証するに必要なあらゆる措置をとられることを疑いません。／あなたと同じように、私もまた、血に飢えたヒトラー主義の一掃を――そのためにソビエト連邦はいま大きな、苦しい犠牲をはらっているのですが――早めるために、いまその努力を統合している国々が、ヒトラーにたいして最後の勝利をおさめることを疑いません。敬具」

じつは、その前日の十月二日午前五時三十分、その〝血に飢えた〟ヒトラーは、モスクワへの壮大な総攻撃タイフーン作戦開始を下令していたのです。ボック元帥総指揮のもと、グデーリアン、ヘプナー、ホート各将軍が指揮する二千輛の戦車が轟々たるキャタピラの音を立て、きれいな秋晴れの陽光をあびて、北、中央、南の三方面から東への進撃を開始しました。作戦に参加する兵士は約百三十万人。参謀総長ハルダーは日記にかいています。

「きらめく秋気の中を彼らは前進した」

翌三日夕刻、ヒトラーはベルリン市民を前にして、例によって両手を広げたり振ったりして大演説をぶちました。

「過去三カ月間、ドイツ国防軍は勝利から勝利への道を、たゆみなく勇敢に進み、いまも進みつづけている。電撃戦が話題になってはいるが、まさにドイツ軍の勝利は電撃的であり、同時に敵の敗退も電撃的である。（中略）ソ連はすでに敗北した。二度と立ち上がれないであろう」

ヒトラーの勝利の確信はゆるぎないものであったのです。

◆陸海軍統帥部の衝突

ところが、ヒトラーとは違って、九月六日からつぎの御前会議の十一月五日までの正味二カ月は、日本にとって、苦悩と難局打開のための苦闘のときとなっていたのです。そして、平和より戦争へと、日本の姿勢が急速に傾斜し加重されつつあったことが、さまざまな記録や史料にはっきりと残されています。その背景に、ナチス・ドイツの破竹のソ連進攻があった。それはかいてきたとおりです。

日本の戦争への傾斜は、このドイツ軍の進撃をうけての軍統帥部の天皇への積極的な働きかけによる、天皇の**あきらめ**というような形であらわれてきたようです。『木戸日記』を通してみただけでも、それが感得できます。たとえば九月二十九日、天皇は木戸にこんなことを聞いています。

「米国のゴム保有量並びに中南米に於ける生産高、及び錫の保有量並びに米国が獲得し得る産地。右調査方御下命あり、依って秘書官長より企画院総裁に連絡す」

資源万能といわれているアメリカも、ゴムと錫だけは、ほかの国に依存していました。このゴムと錫とが不十分であるため、アメリカはいま戦争をやる気がないとする意見が、政府や軍部の内部にあったのです。

ただし、『昭和天皇実録』には二十九日の木戸への下命のことは記されていません。

天皇の身のまわりには、見るもの聞くもの、ことごとに戦争を現実のものと考えなければならない空気がいっぱいでありました。二十四日には、吹上御苑内に建設中の大本営会議用の地下室について工事経過の報告がとどきます。そして十月に入って九日には、伏見宮が訪ねてきて、およそ天皇が思ってもいなかった情報を（それが本当かどうかわからないが）伝えるのです。

「午後一時四十分より三時まで、奥内謁見所において博恭王と御対面になる。王はその際、米国とは一戦を避け難く、戦うとすれば早いほど有利であるとして、御前会議の開催を求めるとともに、人民はみな対米開戦を希望していること、開戦しなければ陸軍に反乱が起こるべきこと等、強硬に主戦論を言上する。これに対して天皇は、結局一戦は避け難いかもしれざるも、今はその時機ではなく、なお外交交渉により尽くすべき手段がある旨を述べられ、御前会議の開催に反対される」

おそらく日本国民がみな「対米開戦を希望している」などという話は、天皇が考えてもみなかったことではないでしょうか。たしかに、新聞の紙面などにはＡＢＣＤ包囲網の文字が躍り、「〔十月〕一日、警視庁、乗用車のガソリン使用を全面禁止する」「四日、外国郵便物の開封検閲など臨時郵便取締令公布」など、国民の生活はもうかなり息苦しくなっていたのですが……。

さらに十月十三日の『木戸日記』。この日、十時四十分より十一時四十五分まで、天皇は木戸と会い、こんな重大なことを語っています。『実録』に『木戸日記』とそっくり同じ内容が記されています。

「対米英戦を決意の場合、ドイツの単独講和を封じ、日米戦に協力せしめるよう外交交渉の必要があること、さらに戦争終結の手段を最初から十分に考究し置く必要があり、そのためにはローマ法王庁との使臣の交換など、親善関係を樹立する必要がある旨を述べられる」

注目すべきは、天皇が戦争終結の手段をすでに考えているということです。

こうした木戸との懇談のあったすぐあとで、近衛内閣が倒れた（十月十六日）。倒れたというより、さきの九月六日の御前会議できめられた「十月上旬頃に至るも尚我要求を貫徹し得る目途なき場合」の、ギリギリの日が訪れて、近衛はにっちもさっちもいかなくなり自分の職責を投げだしたのです。陸軍が御前会議の決定をタテに開戦決意をせまったとき、肝腎の海軍は和戦の決は首相に一任すると申し入れました。このとき、戦争の主役となるべき海軍の曖昧な態度をテコにして、はっきりと自分の信念に立って「和」を主張すべきであったのにそれをせず、宰相近衛は無責任にも逃げだしたのです。陸海軍の意見不一致をいいがかりにして。

後に出現したのが東条英機内閣。断々乎として開戦を近衛にせまった陸相東条を強力に推したのは木戸です。議に列した重臣の多くは反対でしたが、「天皇の御言葉があれば、東条は従うから」と木戸は強調し、押しきったのです。ですから、開戦となったとき、「木戸にだまされた」というホゾを噛む思いを重臣たちは抱いたといいます。

十月十六日、まさに近衛内閣総辞職の日の『機密戦争日誌』にはきわめて興味深いことがかかれています。陸軍からみた海軍の無責任さが、このざまを見よとばかりに記されているのです。

> 「富田書記官長、〔近衛首相の意をうけて〕軍令部総長に『戦争は出来ぬと言って呉れ』と述べたるが如し。軍令部総長『そんな事が云えるか』と。然らば、何故戦争出来ると海軍は正式意志表示し、開戦を決意せざるや。（中略）国賊的存在は海相その人にあり、及川その人の性格に依るや。蓋し青史に特筆すべき汚点なり」

すでにかいたように、陸海統帥部のいざ開戦にさいしての戦略戦術の不一致は、いっそうぬきさしのならぬほどに深まっていました。激論は火を発せんばかりです。陸軍のシンガポール攻略を第一義とする主張にたいして、「それには時間がかかる。その隙にハワイの真珠湾に常駐するアメリカの太平洋艦隊がどんな攻撃を、どの方向からしかけてくるか予想もできない。それよりも一日も早く東南アジアの資源地帯を占領し資源を確保、対米長期戦に備えねばならない」。そのためには時計回りに一気に攻撃をかけるべきであるとする海軍の、すでに成っている作戦計画が立ちはだかり、頭のいい両軍参謀たちの論争は日ましに激越さを加えていたのです。その海軍の態度が、陸軍にはよほど戦争を回避したがっている弱虫とみえたのです。

ところが、この南方をめぐる攻略法で対立する陸海軍中央部の主張と、まったく異なる考えを秘めていた人物がいました。連合艦隊司令長官・山本五十六大将です。

「そもそも軍令部の思惑通りに、アメリカ軍の太平洋艦隊が太平洋を素直に、真っすぐに進攻してくれるだろうか?」

という、アメリカ側の情勢分析にもとづいた根本的な疑問です。

ハワイの主力艦隊が南方に進むコースは、広い太平洋上で何通りも考えられます。オーストラリア北岸を迂回する可能性もあれば、フィリピンの北側、いや南側を進む選択肢だって十分にありえます。そんなことをせずに北方アリューシャン列島ぞいに日本本土に急襲をかけることも考えられる。寡兵であらゆる可能性に対処しなければ日本に不利な状況にもかかわらず、一点にだけ戦力を傾注するのは危険で、現実的でないという主張でした。

シンガポール攻略戦に全兵力を投入しているときに、米艦隊が日本本土に大空襲をかけてきたら、どう対処したらいいのか。むしろ、ハワイにいる米主力艦隊に先制攻撃を加えて壊滅的なダメージを負わせ、後方を安泰にしたうえで、その後ゆったりと南方へ進軍すべし――これが山本五十六の秘策、まさにコペルニクス的転回でした。

ただし、この作戦計画は山本の発想にもとづいて、連合艦隊司令部の内部だけでひそかに練られていたもので、海軍中央の与り知らぬことであったのです。

太平洋戦争のいろいろな作戦の是非を巡っては、いまだに賛否両論があります。なかでも代表的なのが、山本五十六による真珠湾攻撃などというバカげたことを実行したから日本は負けたのだ、という意見です。山本は愚将だという意見はかなり多いのです。

しかし、丁寧にみてみると、陸海軍双方の意見がまとまらず紛糾したなかで、第三の候補として浮上し採用された山本五十六案でしたが、もしこの山本のアイディアがなかったらどうなったのでしょう。シンガポール重点主義の陸軍とパラオから時計回りの海軍とが、そっぽを向き合ったまま戦ったのでしょうか。山本案が採用されたのは真珠湾攻撃の六週間前です。開戦のその日までさらに紛糾がつづいていたことは間違いなく、戦い方も現実とはガラリと違ってゴタゴタしたはずです。

ですから、山本五十六案を実施せずに、従来の陸海軍それぞれ勝手な作戦を踏襲していたら南方作戦も現実的にうまくいったほどすらすらと成功裡には終らなかったのではないか、とわたくしは考えます。あえて実行した真珠湾攻撃で敵の主力を緒戦において徹底的に叩いたことの功績はまことに大きいのです。

つまり、戦争をすべきではないと思っていた山本五十六が、もしどうしてもやれというこ となら、何とか短期戦で講和に導くためにはこの戦法しかないと考えていた奇襲作戦案は、い わば瓢箪から駒ではありましたが、それだけに陸軍と海軍の対立構想をいっぺんに解決させた のです。あえていえば、このときはまだ幸運の女神の微笑が日本の上にあった、というほかあ りません。

そして不退転の山本の決意のもとに、連合艦隊案の開戦と同時の真珠湾軍港攻撃は、十月十九日に、軍令部の反対を押し切って、

「山本長官がそれほどまでに自信があるというのなら、希望どおり実行してもらおう」

という軍令部総長永野修身大将の決裁によって海軍の正式の作戦となったのはご存じのとおりです。海軍中央としては、計画している第一段南方作戦の支作戦として、しぶしぶ認めたまでなのです。乾坤一擲の、捨て身の全力決戦など考えたくもなかったのですが……。

◆モスクワ前面で立往生

日本で、陸海の統帥部の激論がまだ極秘裡ながら激しくつづいていたころの十月十四日、モスクワ防衛の西部方面軍の「死守防衛線」の北端カリニンが、ドイツ戦車軍によって突破されました。ソ連国家防衛委員会は、政府と党機関の一部と、モスクワ駐在の全外交団の疎開、

そして周辺の工場や学術機関の移転を決定します。モスクワに残留するのはつぎの機関とともに指定されます。

「共産党中央委員会政治局、国家防衛委員会、軍最高司令部およびそれらに不可欠な付属機関」

翌十五日のプラウダ紙は、きわめて強い語調で危機を伝えます。

「血に飢えたファシストの大軍は、われわれの国の心臓部に迫りつつある。モスクワにのしかからんとしているのだ」

そしてこの日の午後二時には、モロトフ外相が駐ソ日本大使建川美次中将に、外交団用の避難列車は「午後八時または九時にモスクワ駅を出発する」と伝えてきました。米英の大使たちにも同じことが伝えられ、各国の外交団はその時刻に駅に集まったが、発車は延々と遅れ、列車が動きだしたのは十六日午前一時三十分であったといいます。時差がありますが、同じ日に日本では近衛内閣が総辞職したことはすでにふれたとおりです。

ところが、その日、ドイツではヒトラーがほんとうは聞きたくはなかった報告を、モスクワ上空を飛んだ偵察機のパイロットから受けています。

「モスクワ方面は一面に数インチの雪で蔽われております」

その年の冬が、それも例年になく長い雨期をともなう寒い冬が、すでにソ連には訪れてきていたのです。それはまた、ドイツの冬とはまったく異質のものであることを、ドイツ軍の将兵は痛感させられることになりました。十八日の日記に、ドイツ軍の中部方面参謀長グライフェンベルク少将が記しています。

「吹雪が荒れ狂うかと思えば、たちまちに粉雪に変わり、その粉雪が突然雨に変わり、雨が激しくなったと思うと、不意に雪になる……」

そのために、舗装道路にはいたるところ地雷が設置されていてうっかり進撃できないからと、別の道をえらべばそこは粘土をとかしたような泥の海となっている。戦車はもちろん自動車までも深い泥の層にはまりこんでしまう。ドイツ軍の進撃速度は極度ににぶっていく。モスクワに近づくにつれて、いまやドイツ軍にとっての敵は、農民や労働者、さらには囚人に軍服を着せた素質の悪いソ連軍部隊ではなく、天候と路面の悪化という思ってもいなかった自然との戦いとなっていたのです。

このきびしい冬将軍の猛威と、補給不足という想像以上の難敵に遭遇し、モスクワ正面で長く薄く延びたドイツ軍の戦線は、実のところ、いまやいかなる作戦的な名指揮によってもどうにもならない危機に直面しつつあったのです。第二戦車軍司令官グデーリアン大将は妻にあてて、苦々しく悲観的に二十四日に書き送っています。

「ひどい寒さ、みじめな宿舎、不足がちの衣料、人員と資材の損害、どうにもならない燃料補給のひどさ、これらのため戦いはいま苦しみそのものになっている。私は恐ろしい責任の重みに打ちひしがれそうだ。いくらきれいごとを並べても、この責任を肩がわりできる人間はいない」

それは、ドイツの戦勝が幻想となりつつあることを意味する文面でもあったといえるでしょう。潮流はおもむろに逆流しはじめていました。

グデーリアンが妻あての書簡をかいていたとほぼ同じころ、二十三日から連日のように日本では閣議や大本営政府連絡会議がひらかれ、天皇の要望にもとづく内外情勢の分析、国力再調査などの作業がすすめられていました。律儀な東条首相はほぼ隔日に宮中に参内し、天皇に詳細な数字を用いて国策再検討の経過を奏上し、天皇はそれを容れていく。

そのかんにもさまざまな反米・反英的な情報が国内をかけめぐり、国民の好戦熱は巧妙な操作で煽りたてられていました。隣組で鶏卵配給、二人当たり一個、兵役法改正で徴兵延期は適用されず、金属類回収令と生活の窮迫が、米英にたいする敵愾心を燃やすことに役立った。十月二十六日の東京日日新聞の社説は、東条内閣をけしかけるような調子でかかれています。

「戦わずして日本の国力を消耗せしめるというのが、ルーズベルト政権の対日政策、対東亜政策の根幹であると断じて差支えない時期に、今や到達している。われらは見る。日本及び日本国民は、ルーズベルト政権のかかる策謀に乗せられてはならない。われらは東条内閣が毅然としてかかる情勢に善処し、事変完遂と大東亜共栄圏を建設すべき最短距離を邁進せんことを、国民と共に希求してやまないのである」

歴史の流れは滔々として、戦争へ戦争へと、だれによっても止めるべくもないほどの激流となっています。個々人の反対など、元首相の米内大将がいうように、ナイヤガラの瀑布に逆行して孤舟を漕ぐようなはかないものであったのです。戦争はすぐそこにきていました。

このような情勢下、世論に尻を叩かれたためではなく、東条内閣と軍部による国策再検討は、とてつもなく長い生真面目な時間を費やして、〝開戦〟という結論に到達しました。いま起つならば勝算があるというのです。

わが兵力は、陸軍兵力五十一個師団と留守師団十一個師団の総員二百十二万人。十分に米英のアジア方面の兵力と戦える。海軍兵力は三百九十五隻（戦闘艦艇二百三十五隻、その他百六十隻）、一四六万トン（戦闘艦艇九七万トン、その他四九万トン）、重油四五〇万キロリットル、ほかに特設艦船六百十隻、一三五万トン、総員二十三万二千人。そして一般徴用船舶二〇万トンです。これもいまなら米太平洋艦隊と互角に戦えます。また陸海軍航空機は五千七百機、航空揮発油の備蓄は九〇万キロリットルと、これもいまなら十分なのです。

まさに、いざ戦わんかなの秋であったのです。

◆ヒトラー、挑発に乗らず

十一月五日、皇居で行われた御前会議は、昭和天皇が即位してから第七回目、十六年になってから三回目のそれでした。事実上の太平洋戦争の開戦を決定づけた会議です。ここで二日に東条首相と両総長より奏上された「帝国国策遂行要領」が天皇によって裁可されました。
その内容は、日本側よりの交渉妥結のための譲歩的提案「甲案」、それが成らぬときは最終譲歩提案「乙案」によって、なんとか天皇の希望どおりに交渉の打開をはかる。そうした懸命の努力にもかかわらず、不成立の場合には、武力発動の時機を十二月初頭とする、ときめたものでありました。

会議終了後、用意されていた甲乙両案はワシントンの駐米日本大使野村に送られていきました。「本交渉は最後の試みにして、我対案は名実共に最終案なりと御承知ありたく」と、一緒に発信された外相訓電は、悲壮なことを野村に伝えています。さらに翌日の訓電は「諸般の関係上遅くも本月二十五日迄には調印を完了する必要」があることを強く訴えていました。が、これら甲乙両案と訓電がアメリカ側に傍受されていたことは、改めてかくまでもないことでしょう。

交渉の当事者である米国務長官コーデル・ハルは『回想録』にかいています。

「ついに傍受電報に交渉の期限が明記されるにいたった。（中略）この訓電の意味するところは明白であった。日本はすでに戦争機械の車輪をまわしはじめているのであり、十一月二十五日までにわれわれが日本の要求に応じない場合には、アメリカとの戦争もあえて辞さないことを決めているのだ」

日本側の手の内は、いかに秘すとも、すべてお見通しとなっていたのです。

少し横道に逸れますが、十一月五日、海軍では軍令部総長永野修身から連合艦隊司令長官山本五十六に対して大海令第一号という命令をだします。

〈一、帝国は自存自衛の為十二月上旬米国英国及蘭国に対し開戦を予期し諸般の作戦準備を完整するに決す
二、連合艦隊司令長官は所要の作戦準備を実施すべし
三、細項に関しては軍令部総長をして之を指示せしむ〉

この文言に注目してください。「自存自衛のため」であることが明言されているいっぽうで、「大東亜秩序」や「大東亜共栄圏」という、陸軍が錦の御旗よろしく掲げているお題目は、海軍にはまったく含まれていないのです。要するに、のるかそるか、なのです。

ところが陸軍の大陸命五六四号では、参謀総長杉山元大将から南方軍総司令官寺内寿一大将に対して、「大本営は帝国の自存自衛を全うし大東亜の新秩序を建設するため南方洋域の攻略を企図す」と命じている。この期に及んで陸軍はあくまで「大東亜共栄圏」を謳いあげているのです。陸海の戦争観の違いがはっきりしています。

のちの「開戦の詔勅」をめぐっても、「自存自衛」という文言は盛り込まれましたが、大東亜新秩序とか大東亜共栄圏、あるいは植民地の解放といった文言は刻まれませんでした。これを盛り込むか否かをめぐっても大もめにもめました。結局はなくなりましたが。

このとき、アメリカでは――。十一月七日、暗号解読されているとも知らない野村は、ハル

に甲案を手交している。ところがハルはこれをまったく問題にしようともしませんでした。ニべもなく読み捨てます。なぜならそれはあまりにも現実ばなれしたものであったからです。たとえばその第一項は、

「支那派遣の日本軍は、日支和平成立後、北支・蒙疆・海南島については所要期間（おおむね二十五年目途）駐兵し、それ以外は日支和平成立と同時に撤兵を開始し、二年以内に完了する」

とありますが、一九四一年から二十五年後といえば一九六六年になる。これでは当面の外交交渉というよりも、未来学の範疇に属するというものです。

当然のことながらハルは、単なる駆けひきのための机上の提案として問題にしようともしない。というのも、アメリカ外交は軍部の要請もあり、すでにずるずるとひきのばし作戦をとっていたからです。「攻撃に出るなり後退するなりの決断を日本にまかせる」という坐して待つ態度に終始しているのです。

そしてルーズベルト大統領の関心はもっぱらドイツのほうに向けられていました。夏が終ってからのアメリカのドイツにたいする態勢は「宣戦布告なき戦争」へとエスカレートしていたのです。大木毅さんの『ドイツ軍事史』からまた引用します。

「九月四日、ドイツの潜水艦U‐652は米駆逐艦グリーアに追跡され、魚雷をもって反撃した。（中略）ローズヴェルトは九月十一日に、ドイツ海軍の行動は海賊行為である

とし、この事件を契機として、護送海域においては独伊艦船にたいし発見次第発砲すると宣言したのである。こうして、十月十七日には米駆逐艦カーニーの被雷撃、十月三十一日には同ルーベン・ジェイムズの沈没と、一連の遭遇戦が生じ、以後大西洋における独米紛争はより緊迫した状態を迎えることとなる」

ヒトラーはできる限り忍耐をもって応えたのです。彼にとっての第一義はソ連を屈服させること。それゆえに、リッベントロップをとおして、独米戦争を招きかねない日本の南進政策を捨て、独ソ戦援護のための北進を、日本に執拗に要請してきていたのです。

ところがその要請も拒否し、日本は対米英戦を招致するであろう南進政策のもとに、軍部は着々と「いざ、鎌倉へ」とばかりに戦闘準備を整えている。

そして政府もまた、十一月十五日より五日間にわたる臨時国会で、追加の軍事予算三十八億円を、まともに審議することもなく成立させました。これにともなう公債および増税も通りました。代表質問に立った小川郷太郎議員は叫んだ。「私はもはや決戦に移行すべきときであると主張したい」。これに呼応して島田俊雄議員も「ここまで来れば、やるっきゃないというのが全国民の気持ちである」と大声をあげて政府の尻を叩くのでした。東条首相も例のごとく特徴のある抑揚をつけたおごそかな口調で、「帝国は百年の大計を決すべき重大な時局に立っている」と獅子吼します。

そして新聞はそれぞれが勇ましい論陣を張りました。「一億総進軍の発足」（東京日日新聞）、

「国民の覚悟に加えて、諸般の国内体制の完備に総力を集中すべきとき」（朝日新聞）。どこもかしこも、対米強硬を笛や太鼓で囃したてているのです。

「東条の演説が終わると米海軍武官は書記官のほうへ身を乗り出し、『やれやれ宣戦布告はしなかったね』とささやいた」

とグルーの日記にあるほどの強気一点張りでした。

ワシントンの野村がこの時点で頼みの綱としているのは、アメリカ政府が対ドイツはともかくとして、かならずしも日本との戦争を望んではいない、という自分の観察の正しさというものだけなのです。ならば、いまこそ最低限の受諾可能の条件がかかれている乙案を、ハルに提示すべきときであろう。野村は外交的な余計な駆けひきをすべきときではないと考えました。

そしてアメリカがこの最終条件を受諾できないと拒否するならば、日本に残された道はもはや戦争しかないと、強い決意を示すことが、かえって和平の道をきり拓くことになるやもしれない。じつは野村が胸中に描いたこうした期待、可能性への熱き想いは、日本の政治指導者がひとしく抱いた願いでもありました。

そしてまた、もしアメリカが否という答えを示したら、日本は自存自衛のために宣戦をするという正当な理由をもつことができる、そうひそかに決意をもしていたのです。

同じころソ連では、十一月七日、クレムリン前の赤の広場で、十月革命を祝う恒例のパレードが行われていました。ただし、ドイツ軍機の空襲を避けて午前五時から行進がはじまりました。まだ夜も明けず、空は雪を降らす雲で蔽われていましたが、壇上にならぶ首脳らの中央にスターリンの姿がはっきりと認められて、パレードの将兵たちや、少数の観衆たちは大いに胸を喜びではずませました。われらが首相はモスクワにとどまっているのだ、われわれと一緒に戦っているのだ、と。その彼らに向かってスターリンの短いながら力強い言葉が拡声器から流れでます。

「諸君！ 敵は、恐怖におののいているわが国の弱いインテリどもが考えているほど、強くはないのである。（中略）諸君の戦いは正義の戦いなのである。ドイツ人侵略者に死を！ レーニンの旗のもと勝利に向かって前進せよ！」

ヒトラーが期待するほどは、押しまくられつつもソ連軍は闘志を失ってはいなかった。その粘り強い民族性がなお生々としていたのです。

◆あとは陸海軍の番だ

あとのやや錯雑した歴史の流れをくわしく追うことは省筆しますが、こうして十一月二十六日、アメリカは日本からの交渉妥結案を拒否して、いわゆるハル・ノートを突きつける日がやってきたのです。

いまその文飾を洗い流してしまえば、ハル・ノートが日本に提示しているのはつぎの四条件ということになります。

（一）中国およびインドシナからの日本軍および警察の完全撤退。

（二）日米両国政府は中国において重慶（蔣介石）政権以外の政権を認めない。

（三）日米両国政府は中国におけるいっさいの治外法権を放棄する。

（四）第三国と締結した協定を、太平洋地域の平和保持に衝突する方向に発動しない。

わかりやすくすれば、（一）は中国や仏印など日本の占領地放棄を、（二）は汪兆銘政権の否定、満洲国の解消を、（四）は日独伊三国同盟の有名無実化を要求するものと、日本に解釈されるほど強硬なものでありました。つまり大日本帝国は一九三一年の満洲事変以前の線に戻れといわれたことになるのです。ですから、これはアメリカの対日交渉断絶、宣戦布告だとの判断を、政府や軍部が抱いてしまったのは当然かもしれません。前後合すれば営々一年近く話し合いをつづけてきた意味はすべて水泡と帰したことになるからです。

ハル・ノートの前日、南方軍総司令官寺内寿一大将はすでに征途につき東京を発っています。真珠湾の米太平洋艦隊を攻撃する任務をもつ南雲忠一中将指揮の海軍機動部隊は、ハル・ノート到着の日の午後六時、千島の単冠湾から勇躍出撃しています。ハル・ノートがあろうがなかろうがすべては予定どおり。十二月一日午前零時までに交渉が成立しなければ、対米宣戦布告が発せられる。外交交渉には、はや残された時間はなくなっていたのです。

二十九日、宮中御学問所で、天皇と重臣（首相経験者）たちの懇談会がひらかれました。重臣たちはこもごも自分の意見をのべましたが、政府の開戦決意にやや疑問を呈したのは、岡田啓介、近衛、若槻礼次郎、米内光政、広田弘毅であったとされていますが、『昭和天皇実録』はそのことを明確にしています。

これを知らされた軍部は憤然とします。『機密戦争日誌』にはその怒りが記されています。

「国家興亡の歴史を見るに国を興すものは青年、国を亡ぼすものは老年なり。重臣連の事勿れ心理も已むなし。若槻、平沼連の老衰者に皇国永遠の生命を託する能わず。吾人は孫子の代まで戦い抜かんのみ」

すべての手続きは終りました。あとは十二月一日の御前会議で、形式的に開戦を決定すればいいだけです。戦闘開始の準備はすべてととのっていると考えられていました。矢は弦につがえられ、弓は満月のように引きしぼられているのです。

アメリカでも、野村にハル・ノートを手交したあと、スティムソン陸軍長官から電話をうけたハルは、まことに意味深なことをいっています。

「I have washed my hands of it, it is in the hands of You and Knox, the Army and Navy」（私はそれから手を洗ったよ。あとは君とノックス〈海軍長官〉の手中に、つまり陸軍と海軍の手中にある）

スティムソンは「こんどはお前の番だ」といわれてがぜん動きを活潑にしだします。もともと対日強硬論者のかれは、日本とうまくやっていくには、ヨーロッパの国々と違い、手荒く、強引に扱うことだという信念の持ち主でありました。午前九時半、参謀本部作戦部長ゼロー准将、海軍作戦部長スターク大将、そしてノックス長官をよぶと、てきぱきと指示を下しました。

こうして陸軍参謀総長マーシャル大将の名のもとに、マッカーサーやハワイ方面陸軍司令官ショート中将に送られた「極秘・優先扱」戦争警告はつぎのものでした。

「対日交渉はすべて事実上終了したものとみる。ただし日本政府が思い直し、会談継続を提案してくればこのかぎりではない。日本の今後の行動は予想しがたい。いつ敵対行動に出るかもしれない。もし敵対行動が避けられないものとすれば、アメリカは、日本が最初の歴然たる行動を敢行するのを欲する」

「日本が最初の歴然たる行動を敢行」すなわち「第一撃を日本にやらせよ」、それを欲している、これは間違いなくルーズベルトの意思でもありました。

ルーズベルトは世論の支持のもとの戦争ということを必死に願っていたのです。感情的な孤立主義者たちがひっくり返って、逆に感情的な好戦主義になる、そんな状態をつくって戦争に突入することをはじめから意図していました。かれの政策はその点では一貫していたといえます。どんなことをしても〝大統領の戦争〟になることは避けねばならない。そのためにも、「ヒトラーからの一撃」が必要でした。なのに、ヒトラーは忍の一字をとおしている。それならば、「日本軍の第一撃」が必要ということになる。それなくして、世論の支持なしに戦争に巻きこまれれば、かれの政策、いや、かれ自身の地位が危うくなることは明白なのです。その目論見と工作が図に当たって、日本が間違いなく攻撃をしかけてくる。それゆえに、スターク海軍作戦部長が麾下の極東艦隊司令長官ハート大将（在フィリピン）と太平洋艦隊司令長官キンメル大将（在ハワイ）などに発した命令に、ルーズベルトはすこぶる満足したのです。

「日本の侵略行動がここ数日中に予期される。日本陸軍部隊の兵力装備および海軍作戦部隊の編成は、フィリピン、タイまたはクラ地峡（タイ南部）もしくはボルネオにたいする上陸作戦を示唆している。……」

これでもわかるように、日本軍は南方方面で作戦行動を開始する、第一撃は南方方面において、として、南アジア各方面は所要の措置をとるよう強く指示しています。しかし、ここに明らかなことは、この警告に「真珠湾」はふくまれてはいない、ということです。

同じころ、モスクワ時間二十八日午前零時、クレムリンの地下参謀本部では、夜になると生き生きとしてくるソ連軍最高司令官スターリンが、暗い顔で大地図テーブルの前を行ったり来たりしていました。前線からはいぜんとして、モスクワ陥落近しを告げるような報告ばかりが送られてくるからです。

ついに意を決したかれは、いまは前線のモスクワ守備軍総司令官になっているジューコフ元帥に電話をかけ、戦術的決定を下します。「反対するものがあろうとかまわず、戦線東北端のドイツ軍に即刻二個旅団を投入し、犠牲をいとわずこれを撃退せよ」と。

しかし、スターリンもジューコフも知らなかったのですが、そのときドイツ軍の多くの師団では、四〇パーセント以上の将兵が足に凍傷を負って、動きもままならない状況にあったのです。凍ったのは足ばかりではない。カービン銃も機関銃も役に立たなかった。戦車のエンジンも凍って容易にかからなくなっていました。補給物資がとどかず飢えた兵士たちは、凍死した軍馬を食べはじめます。ジューコフがのちに語っています。

「ドイツ兵の捕虜を見たとき、将校も兵も全員がぴったりと合う靴をはいていた。ドイツ参謀本部にたいする敬意がいっぺんにぐらついたものである」

ソ連軍の将兵はひとまわり大きな靴を給与されている。かれらは冬期にはその隙間にわらや新聞紙をつめて暖かくして、凍傷を防いでいたのです。

ソ連軍も防戦につぐ防戦で疲労困憊していましたが、わずかに冬将軍の下で戦う方法を知っていたゆえに、辛うじて持ちこたえている。戦場全体が降雪ときびしい寒さに凍結してしまっていたのです。

重慶では、二十八日朝の五時、蔣介石は早起きもなんら苦とせず、宋子文のアメリカからの電報を受けとり、すっかりご機嫌になっていました。電報は、宋子文が面談したときのスターク作戦部長の言葉を伝えていたのです。

「中国於此絶対無須顧慮、美方対日所提主要条件之一、即為日本須離脱軸心、此挙日本勢難弁到、恐日本切腹之時非遠矣」（中国は少しも心配することはない。米国は日本につきつけた条件の一として日独伊三国同盟からの離脱を要求した。日本はこれを受諾することはできない

であろう。結果として日本は切腹〈自殺的戦争〉のときを遠からず迎えることになる）

アメリカはやっぱり中国を見捨てなかった！　蔣介石にとっては、この事実は最高の老酒をのむよりも美味であったのです。

その前日の二十七日、南雲機動部隊はきめられた航程を一路突き進んでいます――この日天候はよかったのですが、波濤のうねりは大きかった。気温四・五度、針路一〇〇度、速力十二ノット。戦艦霧島は開距離三万メートルで砲戦訓練を行います。駆逐艦霞の艦上から水兵一名が海中に転落し、そのまま波にのまれて行方不明となる。艦隊は事故を見捨てて進む。あとは異状なし。この日まで、すでに二六七海里を航行し、ハワイに刻々と近づいているのです。

そして十二月一日、十六年になって四回目の御前会議がひらかれました。それはまさに儀式そのものといってよいものでした。それでも長々と『昭和天皇実録』は記録にとどめています。

「まず首相より、十一月五日の御前会議以降、対米国交調整の成立に努力したが、米国が我が軍の支那よりの無条件全面撤兵、南京政府の否認、日独伊三国条約の死文化等を要求したため、我が国は自存自衛上、米英蘭各国に対して開戦の已むなきに立ち至りし次第を述べた後、本日の議題『対米英蘭開戦ノ件』につき審議を願う旨を表明する。（中略）枢密院議長より、我が国は対米交渉において譲歩によって平和維持を希望したが、米国は蔣介石の主張を代弁し、従来主張の理想論を述べ、その態度は唯我独尊にして甚だ遺憾であり、我が国として仮にこれを甘受すれば日清・日露戦役以来の成果を失い、満洲事変以来の結果をも放棄することとなるため、到底忍びがたいこと、特に四年以上の支那事変を克服してきた国民にこれ以上の苦難を与えることは忍びないが、我が国の存立を脅かされ、明治天皇の御事蹟をも全く失うことになっては、これ以上手を尽くしても無駄であるため、先の御前会議決定のとおり開戦も已むを得ないと考えること、なお今回は長期戦となることは已むを得ないが、その場合には勝利を得つつ民心の安定を図るべきこと、なるべく早期に戦争を終結することを考えておく必要があること等を述べる。（中略）最後に首相は、今や皇国は隆替の関頭に立っており、開戦と決定すれば、一同共に政戦一致施策を周密にし、挙国一体必勝を確信し、全力を傾倒して速やかに戦争目的を完遂し、誓って聖慮を安んじ奉らんことを期すと述べ、会議の終了を宣言する。午後三時四十五分、天皇は入御される」

木戸内大臣は天皇から御前会議の様子を聞いて、「運命というほかはない」といったといいます。

翌二日、山本連合艦隊司令長官は全軍に命令を発しました。

「ニイタカヤマノボレ　一二〇八」[*5]

開戦は十二月八日と決したのです。

◆モスクワ前面での大反攻

そして十二月四日、ヒトラーは日本からの強い要望をうけて、日米戦争勃発のさいに単独講和ないし休戦協定を結ばない、ただちに対米参戦をする、という日本との約定にOKを下しました。つまりドイツは日本とともに対米戦争に突入することを、すでに真珠湾攻撃の直前にきめていたのです。ルーズベルトの深謀遠慮は見事に的を射たことになるわけです。

その翌五日、モスクワを防衛していたソ連軍が、新しい兵力を加えて、零下二〇度の極寒をついて、突如大反撃に転じました。ドイツ軍にとってはまさかのソ連軍の全面攻撃でした。ルーズベルトとチャーチルの個人的といってもいい援助が見事に実を結んだのです。ウルトラ情報機関を通じて、モスクワ前面に展開するドイツ軍の配置や兵数や作戦計画について極秘に詳細をチャーチルが知らせてきていたのです。さらにはアメリカより送られてきた厖大な軍需物資の投入があります。大西洋憲章のあとの往復書簡での約定をルーズベルトはできる範囲ぎりぎりできちんと守ったのです。こうした武器弾薬のお蔭で、ソ連軍は反撃が可能になり、絶望的な戦況を一変させることができたのです。

バトラー『ローズヴェルトとスターリン』を引用します。

「船積みは事実上ただちに開始された。十月末までには爆撃機一〇〇機、戦闘機一〇〇機、戦車一六六両（すべてに予備部品と弾薬が付けられていた）、さらにトラック五〇〇台を輸送する船が航海中であった」

　このようにしてアメリカからの軍需援助はかぎりなくつづけられました。これでソ連軍は潰滅の危機から救われたばかりではなく、反撃のための強大な戦闘力を一気に回復していったのです。しかも、日本の北進はなしとの情報を得て、ソ満国境から精鋭の二十個師団をモスクワによび戻すことが可能になっていました。*6 それで、ジューコフがスターリンの命をうけて、モスクワ東北方から反攻を開始したときは二個旅団であったのが、いまや全戦線を合して十個軍（百師団）が戦列に加わるという大兵力になっていました。ソ連軍の兵力は枯渇していると信じていただけに、ドイツ軍はこの大攻勢に虚をつかれすっかり浮き足だってしまいました。

　ドイツ軍のグデーリアン大将は、モスクワの市街を遠望できる『戦争と平和』の作家トルストイの墓のそばにある前線司令部で、戦況報告と地図を前に完全に絶望していました。文豪が描いたナポレオンのモスクワ退却のときの惨たる情景がいやでも思いだされます。われわれもまた、ひとたびこの雪と泥のなかでの退却をはじめたら、それは収拾のつかない壊滅状態で敗走につぐ敗走となるであろう、と。

　将軍は進出している戦車と装甲車の部隊をよび戻し、強固な防御線を固めることを決意しました。それ以外に、ソ連軍の大攻勢をうけとめて麾下の機甲部隊の崩壊を喰いとめる術はない。

しかし――。

「結局においてモスクワ攻撃は挫折した。われわれは敗北を喫したといわざるを得ないのだ」

と、不屈の名将グデーリアンも、この日の午後になって、ついに認めました。そののちに、ヒトラーはあっさりとこの歴戦の闘将をクビにして機甲部隊の訓練を任務とする検閲総監に飛ばしました。のみならず、かれを筆頭に三十五人もの軍司令官ならびに師団長たちが不名誉な扱いをうけ、帰国を命じられているのです。

このように惨たる状況下で、常勝を誇ったドイツの全機甲師団は敗走するほかはなくなります。ドイツ軍不敗の神話はここに崩れ落ちました。もはやこの戦争にドイツの勝利はなし、といい切ってもいい戦勢へと一挙に逆転していったのです。モスクワ前面でのドイツ軍の捕虜五十万、捕獲された戦車一千三百輛、火砲二千五百門と記録に残されています。そうした絶望的な戦勢にもかかわらず、ヒトラーは全指揮官にたいして、一歩も退却することを禁じ、厳命を下しつづけるのです。

「敵味方とも力を使いはたしているいま、勝利をもたらすのは意志の力である。最後の努力をもう一度ふるい起こせ。そうすればモスクワはわれわれのものとなる」

「この野獣(＝スターリン)を屠るべし!」とプロパガンダや精神力で、ドイツはなおもソ連軍に抗戦しようとした

長々と、ほんとうに長くこの探偵報告をかいてきながら、わたくしはどうしても、国家というものは所詮、〝天〟の意志というものの抗し難い力によって押し流されていく、とする歴史観にとらわれてしまうのです。人間の愚かさゆえ、それから逃れられないのだ、天の意志を汲みとることはできないのだ、という思いを抱かざるを得ません。有能な指導者がその流れに逆らって、方向を変えようと、あるいは速度をゆるめようと、どんなに奮闘努力しても、歴史の大きな勢いのある流れを押しとどめることはできない、という無力感、体系的な思考の空しさ、といいかえてもいいかもしれません。

なるほど、国家はそれぞれがきまった運命をもっている、ということの合理的な証拠はありません。そうした運命論は無意味であるとの理性的な説も首肯できます。しかしながら、日米関係の、戦争か平和かの危機的な状況を世界史の上においてみると、理性の力より〝天〟の意志によって……と、悪いほうへ悪いほうへと引っぱりこまれていってしまう、といわざるを得ないのです。いっさいを呑みこむ歴史のうねりへの畏怖といったらいいでしょうか。それがこの長い長い探偵報告の結論である、とは、まことに情けないことながら、です。

◆対米英戦決断の日

歴史に「もしも」はない、とは承知していながら、モスクワ前面に展開していたドイツ軍がすでに十月末には雪と泥にまみれて全滅的な苦境に陥りはじめ、モスクワ占領は夢と化しつつあるということを、もしも日本政府や軍部が早く知っていたならば、といささか未練がましく問いただしたくなるのです。二カ月とは欲ばりません。一カ月の余裕で十分です。いや、日本政府と軍部が冷静になって、国土と民草の安全を第一に考えて、ハル・ノートを受諾することにして交渉を、そのままゆっくりとつづけていたら、です。そうすれば、世界史の潮流が逆流したことを知り得て、日本人の熱くなりきっていた頭がさあーと冷えたに違いないのです。急転回する世界情勢に、開戦決定の御前会議から十日もたたないうちにいやでも直面することになったはずなのです。結果としては、戦争の見通しは成立し得なかった。それはいかに誇大に勝利を妄想しても、不可能という結論をださざるを得ない事態の到来であったからです。くどい説明になりますが、過ぐる十一月十五日、じつは、大本営政府連絡会議は十分な討議をへて戦争終結（講和）の目途についての結論をだしていました。そこに注目したいのです。それは簡明にしてしまうとつぎのとおりで、アメリカを戦争で全面的に屈服させることができるなどとは、さすがの〝無敵〟陸海軍も考えてはいませんでした。

①南方諸地域への初期作戦が成功し、石油・ゴム・錫など自給の途を確保し、長期戦に耐えることができたとき。
②敏速積極的な行動で重慶の蔣介石が屈服したとき。
③独ソ戦がドイツの勝利で終ったとき。
④ドイツのイギリス本土上陸が成功し、イギリスが和を請うたとき。

そのいずれかのときには、アメリカは孤立して戦意を失うであろう、そして栄光ある講和にもちこむ機会がある、と想定したのです。それが日本の戦争終結案の骨子でした。それ以外の方策はないのです。とくに、③と④とがかならず到来するものと信じ、ゆえに勝算われにありと。つまりドイツの勝利を徹底的にアテにしきったのです。

しかし、そんな目論見で開戦を決断した半月後には……。

架空の話はこれまで、です。大日本帝国は十二月一日の御前会議で、対米英蘭との開戦を決定し、陸海軍は練りあげた作戦どおりの行動を開始していました。

ハワイ時間の十二月七日午前六時、日本時間では八日午前一時半、機動部隊の旗艦である空母赤城の甲板より零戦がエンジンを一杯にふかしてすべりだしました。戦闘機隊隊長板谷茂少佐機です。先頭であるがゆえに、発艦距離が短く、飛行甲板を離れた瞬間に機体がすうっと沈んで視界から消えた。しかし、たちまちにふわっと浮き上がるような感じで、ふたたびその姿が現れたとき、艦上からは喜びと感動の歓声が一気にわきました。

その日、攻撃隊総隊長淵田美津雄中佐機を先頭に立て母艦上空で進撃隊形をととのえて、十五分後に真珠湾に向かった男たちは、生涯においてもっとも美しい夜明けをみました。天候はあまりよくはなかった。雲量五ないし七。編隊は高度三千メートル、畳々たる雲上をはうようにして飛んでいきます。真っ黒にみえていた脚下の雲が、しだいに白みをおびてくる。それを切り裂くようにして、真っ赤な大きな太陽が水平線から光の矢を放つのをみました。日の出は現地時間六時二十六分。白い雲海のまわりが黄金色にふちどられ、壮麗に輝きはじめます。
淵田中佐が戦後に語ったところによりますと、

「グロリアス・ドーン！」

と、中佐は眼に眩い朝の光に心うたれ、思わずつぶやいたといいます。Glorious Dawn、それは大日本帝国の新時代の夜明けを象徴するかのように、中佐には思えました。「よき時代に男に生まれたことを誇りに思い、日本の運命がわれわれの双肩にかかっている」ことを痛感したといいます。

おそらく、その日、真珠湾上空に飛んだ第一次・第二次を合わせた七百六十五人の搭乗員全員が同じ感懐を抱いたに違いありません。彼らはえらばれた戦士の一員として、新しい時代の開幕を告げる戦闘に参加していると考えた。彼らは未来のなかに、新しい歴史のページのなかに、自分たちの姿をはっきりと思い描くことができたのです。それこそが男子の本懐というものであると思いました。

しかし、昭和史における事実はどうであったでしょうか。大日本帝国の輝かしい未来があったかどうか。それはもう、これ以上はかくまでもないことであったのです。

＊1――昭和十四年の阿部信行内閣のとき、野村吉三郎は外相として入閣した。シロウトそのものの海軍大将の外相着任、それだけで外務省はひっくり返った。その上に野村がやったのは、

外務省の主流となっていた革新派にたいして人事異動という容赦ない大鉈をふるったこと。新次官の谷正之に、野村はいったという。「革新派とか何とかと称する白鳥敏夫一派の親独派の若いものはそれぞれ外に転出させて、今年中にほとんど全部中央から外へ出ることになる。すべて徹底的にやる」。そしてこの荒療治を実行に移し、これまでの枢軸外交から自主外交へと転換する方針を大きく打ちだした。そして……とくわしくはかく余地がないが、その後に、結局はふたたび中央に戻ってきた枢軸派の秀才官僚たちが、野村の大使着任を快く迎えるはずもなく総スカン。新駐米大使として日米交渉の衝にあたる野村に、外務官僚が親身になって協力する、なんてことはありようはずがなかったのである。

＊2――この草案は、ウォルシュ、ドラウト、井川忠雄の三人と、その後に陸軍省軍事課長岩畔豪雄大佐が野村大使から「日中戦争に通暁する人物を特派してほしい」と依頼されてワシントンに赴いてこれに加わり、この四人でまとめあげたものである。岩畔の回想によれば、実質的には「岩畔案と呼び得るもの」であるそうな。いずれにしてもハルがその作成に関係するところはまったくなかった。

＊3――スターリンのもとには、さまざまなところからドイツ軍の侵攻近しの情報が入っていた。イギリスのウルトラ情報で知ったチャーチルが直接に伝えた、というし、日本のゾルゲからも「ユーゴスラヴィアとギリシャにたいする攻撃が、ソビエトへの攻撃時期を六月下旬に遅らせるかもしれない」との極秘情報が暗号で伝えられてきていた。しかし、スターリンは「イギリスとの戦争にケリをつけていない状態で、ヒトラーがソ連を攻撃することはなく、少なくとも一九四二年までは戦争は起こらない」と勝手に信じきり、それらいっさいの危機情報を無視してしまったという。

＊4――事実、九月二十九日より十月一日まで、アメリカは武器貸与計画局長、イギリスは軍需大臣が

代表となって、モスクワで米英ソ三国会議が行われて協定を結んでいる。そして日本のモスクワ駐在の同盟通信特派員がたしかに「近く開催の予定」とその記事を九月十八日に日本に送ってきている。それによると、「ソ連にたいする軍需品供給は如何なる方法経路によって行うかが会談の中心となろう」とあって、「ウラジオストク経由が最良なれど、当然のこと日本が黙ってはいないであろうことが議題となった」と報じている。さらに興味深いことは、「官辺情報によれば、英米両国は『日本〈の侵略行為〉を止める』共同政策に、ソ連も直接参加する確約をモスクワから得たといわれている。英米のソ連にたいする〈援助の〉代償としてであるが、協定内容の詳細は全然わからない」とも情報を送りとどけ、日本の新聞もそれを掲載した。米英ソの接近がもうこんな早いときから行われていたとは!?　とやはり思わざるを得ない。

＊5――隠語による命令は陸軍に発している。「ヒノデハヤマガタ」というものであった。意味するのは、ヒノデは開戦日、ヤマガタは八日のことである。かねて開戦日については十二月一日から十日まで、それぞれ(一)ヒロシマ、(二)フクオカ、(三)ミヤザキ、(四)ヨコハマ、(五)コクラ、(六)ムロラン、(七)ナゴヤ、(八)ヤマガタ、(九)クルメ、(十)トウケフの順に、都市名による隠語がきめられていた。

また、この有名な「ニイタカヤマ……」も、そのまま打電されたものではない。暗号ゆえに、当時海軍の使っていた数字暗号で打たれているが、当時の「D」暗号書は現存しない。ミッドウェイ海戦後にD暗号を継承した「呂」暗号書は残っている。そこで、それを使って「ニイタカヤマ……」を再現すると、つぎのような五ケタの数字で打たれたのである。

「95905 98336 23472 86246 05084 28192 75920 14315 34090 79633 29327」

＊6――この情報は、スターリンが信頼をよせていた暗号分析官からもたらされたものという。彼ら

は、真珠湾攻撃の約十日前の十一月二十九日に、日本の外務省が駐独日本大使館あてに打電した暗号電報から読みとったという。しかもそれは解読に何とか成功したその日のことであったというから、何という偶然かとびっくりさせられる。日本大使からリッベントロップに渡されたこの暗号電報の内容――「攻撃は北にたいしてではなく、南にたいしてなされると総統に伝えて下さい」。そこでスターリンは、ソ満国境線にあった部隊を急遽ヨーロッパに呼び戻す命令を発した。モスクワ正面のドイツ軍への総攻撃の最終段階で、この大部隊が加わることを間に合わせることができたのである。

エピローグ

「ソ連仲介」と「ベルリン拝見」

敗戦から現代へ

この章の

ポイント

一九四五（昭和二十）年、ソ連は日ソ中立条約を破棄、日本に対して宣戦布告し、満洲に侵攻しました。原爆投下と並び、日本の敗戦を決定的にさせる出来事でしたが、当時の日本人が、独裁者スターリンの思惑や、ソ連人の日本に対する日露戦争の復讐心を見抜けなかったことが背景にあります。日本が追従したナチス・ドイツの遺構は現代にも残されていますが、何がヒトラーの支配を生み、悲劇を招いてしまったのか、私たちは歴史を学び考え続ける必要があるでしょう。

キーワード

満洲侵攻／ソ連仲介／ノルマンディー上陸作戦／無条件降伏政策／松谷誠／ヤルタ協定／瀬島龍三／第三帝国の遺跡／ドイツ的誠実／ヒトラーの遺言

◆八月や六日九日十五日

つい先ごろ、ある俳句雑誌でこんな句を見つけて、思わず唸ってしまいました。

・八月や六日九日十五日

作者名もかいてありましたが、あえて記しません。なぜなら、この話を友人の俳人にしたら、「その句はね、『八月や』を、『八月の』『八月は』『八月に』などと変えていろいろな人につくられていて、俳句の世界ではすこぶる有名なんだよ」と教えられたからです。最初に詠んだ人は不明ということで、作者未詳となっているそうな。[*1]

ところが、いま若い人にこの句を示しても感心するどころか、何ですかこの句は？　という顔をされる。日付がピンとこないようなのです。ということは、この日にあった歴史的大事はすべてが遠い、消えた出来事なのか。昭和史や太平洋戦争についてある程度の知識をもつ人は、六日のヒロシマ、九日のナガサキ、十五日の天皇放送と句意がすぐにわかり、わたくし同様にある種の感慨を示します。いずれにしても、日本敗戦のあのくそ暑かった夏を体験した高齢者が作者であることは間違いありません。

じつは、わたくしはこの九日に、アメリカの原爆投下だけではなく、ソ連軍の不法なる満洲侵攻を加えて、ウムと唸ったのです。要はまだそのことに大いにこだわっているのです。それで以下に、蛇足かもしれませんが、少しそのことについてふれることにします。

すでにかいたように、昭和十六年（一九四一）四月に締結した日ソ中立条約は有効期間は五年間、二十一年四月まで条約は厳として存立していました。この日、それを踏み破ってスターリンは十五日に策定されていた侵攻作戦の計画を早めて、対日宣戦布告をし、極東軍に進撃命令を発したのです。これ以上の理不尽なことはありません。兵力は将兵百五十七万余、戦車・自走砲五千五百輛、飛行機は海軍の掩護もふくめて四千六百五十機。

たいして日本側です。この報告をいち早く関東軍からうけた陸軍の参謀次長河辺虎四郎中将の手記があります。その冒頭に、

「蘇は遂に起ちたり！　予の判断は外れたり」

とあるのですが、この言葉には悲痛をとおり越して、その〝お人好し〟ぶりは滑稽にすら思われてきます。ソ連軍の侵攻はないものと判断していたのです。軍部ばかりではありません。日本政府そのものも腰を抜かさんばかりに驚愕しました。なぜなら、首相鈴木貫太郎が率いる政府は、日ソ中立条約をたった一本の頼みの命綱としがみつき、何とかこの戦争を講和に導きたく和平工作の仲介をソビエト政府に依頼し、その返答をうけとるまではと、戦いをつづけながらじっと待ちつづけてきていたからです。つまり、六日の広島への原爆投下で、もう戦争は土壇場に追いこまれていました。そこへ待ちに待ったソ連政府からの回答がきた。それが、ソ満国境を越えて撃ちこまれてきた無数の砲弾であり、戦車を主力とする大機械化部隊の侵攻であったのです。

日本人の約束厳守、律義さにはあらためて感服、というより呆れるといったほうがいいか。国際政治の非情さ苛酷さを知らぬ日本人の愚直さもいいところで、日独伊三国同盟を守りに守りすぎて、世界大戦から脱けでて中立国であり得た機会を逸し、日ソ中立条約を頼みの綱としてソ連仲介に国家の運命をあずけた。裏返せば、それほどに外交的な情報収集そして分析能力、国際感覚が欠如していた、ということになるのでしょうが。それにしても、なぜ日本政府も軍部も、ソ連の仲介が可能であると信じ、そのためのいかなる妥協をも辞せずとまで考えたのでしょうか。通説では、対ドイツ戦が終ったあとのヨーロッパでの対立抗争をみれば、対日和平をめぐって、米英とソ連との対立はアジアではより激化する、という手前勝手な希望的観測が日本側にあったから、と説明されています。はたしてそれだけでしょうか。

どうも当時の日本人は、スターリンという独裁者およびソ連人というものを、まったくわかっていなかった。端的にいって、日露戦争の復讐というソ連人が根に深くもちつづけていた対日本への心理的動機を、ついに見抜くことができないままであった、ということになるのではないでしょうか。

老骨の手に余る論議はそれまでとして、あとは余談的になりますが、日本側がソ連仲介による和平にいかにしてのめりこんだのかについて、ちょっと長々と振り返ってみます。「世界史のなかの昭和史」の本道でなく、少しく横道にそれることになりそうですが、真珠湾攻撃とマレー半島奇襲上陸で大戦争を自分のほうからはじめたものの、ついに〝戦争終結〟の方法を見出せぬままに、さきの「八月や」の俳句ではありませんが、美しい国土が瓦礫の山となるまで戦いつづけた大日本帝国の無為無策ぶりを知るためには、いくらかは参考になるかと思います。

◆昭和二十年の悲惨の裏に

ご存知のように、昭和十九年七月にサイパン島、次いでテニアン島、グアム島が相次いで陥落した瞬間から、この戦争での日本の勝機は完全に失われました。敗北は決定的です。同年六月、米英仏の連合軍はノルマンディー上陸作戦に成功しました。東からのソ連軍だけではなく、西からのこの連合軍を敵として二正面作戦を戦わねばならなくなったドイツ軍もまた、同じころに勝機を放棄せざるを得なくなっていたのです。

戦争「遂行」ではなく戦争「終結」――昭和十九年七月以降の日本にとって、これが最大にして唯一のテーマになったのです。しかし現実には、そこから昭和二十年八月まで、一年もの長きにわたって苛烈な戦争が継続されました。

いったい政府と大本営は、戦争終結の方策をまったく考えようともしなかったのか。

いや、戦争終結を模索していたのは確かです。ですが、そこで直面する最大の障壁が、昭和十八年一月のカサブランカ会談で突きつけられた連合国の「無条件降伏政策」でした。この条件を日本が呑んだとき、どんな苛酷な、我慢のならぬ〝戦後〟を強いられるのか――ここに思いを巡らせたとき、東条英機内閣も大本営も、無条件の降伏だけは反対せざるを得ません。

東条内閣は十九年七月に倒れました、いや、正確には倒されましたが、後を継ぐ小磯国昭内閣も無条件の降伏をすんなりと受け容れるわけにはいきません。

では、当時の指導部は、どのような戦争終結策を探っていたのでしょう。

わたくしの見るかぎり、そのさきがけは、東条内閣の最末期にありました。参謀本部内の戦争指導班長だった松谷誠大佐を中心にして、戦争終結の方策に関する研究がすすめられていたのです。ドイツ通が幅を利かす陸軍内にあって、松谷は英米派を任ずる軍人でした。その松谷が戦争指導班長に着任したのは十八年三月。あるいは研究は着任後すぐに始められたのかもしれません。

翌十九年七月上旬にまとまった研究報告では、次のように記されていました。このときはマリアナ諸島堅持が絶望と考えねばならない時期です。

> 「帝国としては甚だ困難ながら政略攻勢により、戦争の決を求めざるを得ず。この際の条件は唯一国体護持あるのみ。而して政略攻勢の対象は、まずソ連に指向するを可とす。かかる帝国の企図不成功に終わりたる場合においては、もはや一億玉砕あるのみ」

「政略攻勢により」という部分、本来は「攻勢」ではなく「後退」なのですが、具申する公式文書には、こうかかざるをえない。つまり、攻撃的（または積極的）な外交交渉によって戦争を終結させなければならない、としています。その上で、国体護持のみを唯一の条件として、その外交交渉の窓口はソ連に期待する、と結論づけている。終戦まで一年間つづく「ソ連仲介案」の端緒は、ここにあると位置づけてもよいのではないかと思われます。

戦後に松谷元大佐に取材したとき、「そのほかに妙案のあろうはずはなかった。ソ連が中立条約を破って米英に接近したのは、そのあとのことであったしね。とにかく、無条件降伏政策が大きく立ち塞がっていたから」と、ほんとうに苦虫を嚙みつぶしたような顔をしながら、話してくれました。

この松谷レポートをもとにしたより具体的な研究報告は、松谷大佐から近衛文麿へ、近衛から内大臣木戸幸一へ、さらに木戸から海軍大将の岡田啓介や米内光政へと、伝達されていきました。すなわち、七月十八日の東条内閣打倒の重臣工作は、この松谷レポートを端緒に近衛、岡田、米内の三人を中心に行われたものでした。東条のあとを襲った小磯内閣の下、九月十九日に最高戦争指導会議が開催されます。ここで改めて、「断念することなく機をみて対ソ交渉を継続する」ことが決定されます。つまり、十九年九月から「対ソ交渉をとおしてソ連仲介による和平」という基本方針を正式に定めたことになります。

しかし、歴史を振り返ったとき、この「ソ連仲介の和平案」は、楽観的すぎたというほかはないのです。というのも、翌昭和二十年二月四日から、ルーズベルト、チャーチル、そしてスターリンの三者会談が行われ、ヤルタ協定という秘密協定が締結されたからです。米英ソ仏によるドイツの分割占領、国際連合の構想の具体化などが決定されます。さらに、ソ連が連合国側に与した上で、ドイツの降伏から二カ月もしくは三カ月後に対日参戦する、とスターリンが

ヤルタ会談で顔をそろえた（左から）チャーチル、ルーズベルト、スターリン（1945年２月）

約束しました。大喜びしたルーズベルトは代償に「ロシアが日露戦争敗北で失った諸権益の復活」を申し出ます。

「日本が戦争でわが国から奪いとったものを、返してもらうことを私は願っています」

「とられたものをとり返したいというのは、当然の要求でありましょう」

スターリンとルーズベルトとの会話です。日本にすれば、まったくの想定外の出来事です。

もちろん、日ソ間には、日ソ中立条約が存在します。さきにもかいたとおり、この協定の有効期間は五年間で、満了一年前までに双方いずれかが破棄を通告しないかぎり、五年間延長されることとなっていました。協定満了は二十一年四月ですが、ヤルタ秘密協定を締結した時点で、この日ソ中立条約の破棄はすでに織り込み済み。連合国側はそれが当然のことのように意見を一致させます。実際に、満了一年前にあたる昭和二十年四月には延長しない旨を、ソ連は日本側に通告してきました。

ここから先は、歴史探偵の仮説ということになります。

日本の命脈を握る日ソ関係を確認するために、昭和十九年十二月から翌二十年二月にかけて、一人の人物がソ連に派遣されました。その人物は「瀬越良三」名義の旅券を手に、外務省のクーリエ（伝書使）という立場で、背広姿でシベリア鉄道でモスクワに向かいました。

じつは、この「瀬越良三」なる人物こそ、瀬島龍三中佐でした。当時、瀬島は参謀本部作戦課の参謀ですから、ソ連滞在中に捕らえられれば、スパイとして処刑されることは必至です。しかし、ソ連側もそうした事情はすべてお見通しとばかり、「瀬越」の入国とソ連内での活動を容認していました。この間、「瀬越」がソ連で何をやっていたのか、その実態は何もわかりません。

わたくしも戦後、瀬島に何度か取材をしたときに、「あのときは、ソ連仲介で和平の可能性がはたしてあるのか、ソ連の動向を確かめに行ったのですね」と幾度も質問しましたが、瀬島元中佐の言い分は、終始一貫していました。

「まったく関係ありません。私のような小童参謀がソ連仲介の和平工作などという、大それたことに参画することはありません」

気持ちいいまでの、完全否定でした。

ところが、その後『歩兵第十四聯隊史』という史料を読んでいたときに、高橋照次少佐が寄せた手記に出くわしました。高橋少佐は参謀として、関東軍に異動するさいに、背広姿の瀬島と満洲国の新京（現・長春）まで飛行機で乗り合わせたというのです。当時の新京にあった関東軍総司令部に一緒に降り立ったのです。

高橋少佐の手記には、こう記されています。

「瀬島参謀の任務は何かと申しますと、シベリア経由、モスクワに在る日本大使館へ、日本と米英両国間との講和について、ソ連に斡旋する訓令を持って行った特使であります。私共は総司令部において竹田宮（作戦主任参謀）を初めとしてひそかに壮行の宴を持って、瀬島参謀の重大使命の成功を祈ってお別れしたのです」

そして、この「瀬越」が帰国したのは二月二十四日で、その後鈴木貫太郎内閣が発足するのは四月七日です。この間、瀬島が何をしていたのか、これも定かではありません。ですが、瀬島が、岡田啓介や迫水久常、さらには木戸幸一たちと意見交換していた可能性は捨てきれません。大本営の一介の参謀にすぎない瀬島が、なぜ岡田や迫水たちと親密な意見交換をできたかといえば、彼らとは姻戚関係にあるのです。瀬島の妻の母親、つまり瀬島の義母は岡田啓介の妹。迫水の妻は、岡田の次女。そして迫水の女きょうだいは、瀬島の妻の実家である松尾家に嫁しています。この岡田啓介以下の面々は和平派として、瀬島のソ連報告を聞いて、ソ連仲介による和平を十分に脈のあるものとして、本気で考えたのに違いありません。

そして四月七日に岡田の後押しもあって鈴木貫太郎内閣が発足すると、迫水は内閣書記官長に就任します。内閣書記官長は、現在のポストでいえば内閣官房長官ですから、政府の実力者であり、政府内の意見調整のキーマンです。この鈴木内閣の下で、五月十四日に最高戦争指導会議が開かれます。鈴木首相以下、東郷茂徳外相、阿南惟幾陸相、米内光政海相、梅津美治郎参謀総長、及川古志郎軍令部総長が一堂に会したこの場でも、米内海相はソ連仲介に期待を寄せながら、正面きって和平という言葉はまだいいだせないのですが、ここまで入れ込んだ発言をしています。

「海軍としては、単にソ連の参戦防止だけの外交交渉をすすめるのではなく、できれば軍事物資、とくに石油をソ連から買い入れたい」

これはさすがに東郷外相が「そんなことは無理だ」と諫めたのですが、米内の発言からはソ連のヤルタでの心変わりを疑う素振りは、まったく窺えません。ヤルタ会談の内容など何も知らなかった、とみるほかはないのです。

そして六月二十二日になってやっと、といいますか、天皇自ら臨席した最高戦争指導会議の席上で、米内が、

「五月半ばごろに和平をいかに実現するかを考え、方法なども相談していました。それを具体的に進めることにします」

とソ連仲介和平構想を説明し、天皇の承諾を取り付けるに到ったのです。

そこで鈴木内閣は急ぎだします。広田弘毅を介して、駐日ソ連大使マリクとの間で非公式交渉を重ねましたが、色よい返答が得られず断念。それではモスクワと直接に、ということで七月十三日、近衛文麿を特使として、スターリン宛ての天皇の親書を託した訪ソ団を派遣したいとソ連に申し込みます。が、すぐには受け入れてもらえませんでした。「ポツダムで会談があるため多忙」というのが、拒否の理由でした。たしかにポツダムへの出発間際であり、スターリンがことさら日本をだましたわけではないようです。日本側が中立条約があるのであるから、すぐに承知してもらえるものと思いこんだだけ、といったほうがいいと思います。

この特使団は、近衛を団長に、松本俊一外務次官、加瀬俊一、宮川船夫ハルビン総領事、高木惣吉少将、松谷誠大佐。さらに松本重治、細川護貞という近衛を囲む面々まで、決まっていたのです。そして、ソ連仲介の「お土産」として、「沖縄、小笠原諸島、樺太を捨て（ソ連に進呈し）、千島は南半分を（日本が）保有する程度とする」というびっくりするような内容の文書が残されています。

こうした政府、大本営が「ソ連仲介和平案」一辺倒の戦争終結の姿勢を貫くなかで、七月二十六日にポツダム宣言が通告されたのです。しかしこの期に及んでも、「ソ連仲介の和平」を命綱としてすすめている鈴木内閣はポツダム宣言を「黙殺」してしまいます。日本語の「黙殺」は今ならば「ノーコメント」くらいの意味合いだったのでしょうが、英訳された段階で

「ignore（無視する）」と理解された、という見方もあります。だれが訳したのか定かではないものの、最後の最後まで、日本が「ソ連仲介」という戦争終結の方法にすがりつき、努力を重ね、結果としてはソ連に翻弄されたことになったのです。

その結果が、つまりは昭和二十年の惨禍をもたらしました。硫黄島では激戦をくりひろげた末に玉砕し、沖縄における三カ月間に及ぶ惨たる戦闘では、民衆をまきこみ数えきれない死者をだし、さらには十万人余が一夜で亡くなった三月十日の東京大空襲をはじめとして、本土空襲を浴び日本中の大小の都市が廃墟と化してしまったことはあらためてかくまでもありません。そして、降伏勧告をいわば無視して、広島・長崎に原爆を投下される――。

こうした日本国内で起きた出来事が、ヤルタ会談を筆頭に五月初旬のドイツ降伏後の世界レベルで蠢いた各国の打算と思惑と複雑にからみ合った経緯は略しますが、もし日本が世界の打算と思惑から目を逸らさず、ヤルタ以後の的確な情報収集と分析を重ねていれば、昭和二十年の惨禍は防ぐことができたかなと思うのです。すなわちソ連がすでに中立条約を廃棄しているという事実を、もう少し早く知り得たと思うのですが。日本が、自国の身勝手な思惑と希望的観測だけにとらわれてしまったがための惨劇でした。そう思うと、言葉を失うほかはないのです。

◆第三帝国の遺跡を訪ねて

すでに「ヒトラー・ユーゲント」の項（『世界史のなかの日本』上、二一九ページ）でふれたことですが、わたくしは一九九〇年十一月、とくにベルリンに一週間滞在するという長いヨーロッパ旅行をしました。それは、第二次大戦の、連合軍の戦勝記念碑（？）ともいうべき「ベルリンの壁」が崩壊して（一九八九年十一月九日）から一年後、東西ドイツ統一がなって（一九九〇年十月三日）一カ月後というときの訪独でありました。

それで日本に帰国してさっそく、ベルリン滞在の丸一日を費やして、第二次大戦当時のベルリンの地図を片手に、ヒトラーの第三帝国の遺跡を訪ね歩いたときのことを、忘れぬうちにとまとめてみました。アイザック・ドイッチャーは敗戦直後（一九四五年五月）のベルリンを「鉄とコンクリートの骨組を残して内部は焼け落ち、建物の赤さびた鉄骨だけが突き立っている。……今のベルリンはポンペイやオスティア（ローマ近郊）に似て、見事に保存された遺跡のようにみえる」とかいていますが、〝戦後〟という長い歳月は遺跡を遺跡としてそのままに残しておいてくれるはずはない。ましてや東西に分割されていたのであるから、ほとんど何も残っていないだろうに酔狂な、と思われるかもしれませんが、昭和史を学ぶものとして、ベルリンに来て、ヒトラーは……やはり無視するわけにはゆかない、そう思ったからです。

そのときですらそうであるのに、さらにあれから三十年近くもたって、いまのベルリンはもっと様変わりしていることでしょう。なんの面影もとどめていないに違いない、少しも参考にはならない、まったく余計なこととは思います。が、探偵報告のいちばんお終いの記録として、当時かいたものを参考にあえてかくことにします。お読みいただければと思います。

西ベルリンの、ティアガルテンの森のはずれに、ベンドラー通りをはさんであった陸軍省（国防軍総司令部）と海軍省跡を、まず訪れました。海軍省の建物は連邦保健所やら特殊財産および建物管理事務所やらの、政府筋の雑居事務所になっている。入口の壁にずらずらとならんだ看板のなかに、未来研究所の文字があったのが、何となく夢があるようでおかしく思えました。いっぽう陸軍省のあとはなにもない。もはや森の一部となって諸行無常を訴えるがごとく風が鳴り、鳥のさえずりが聞こえるばかり。

そこから完全破壊をまぬかれたブランデンブルク門と、すぐそばの旧帝国議会議事堂が望見されます。ともにソ連軍によるベルリン攻略戦の最大目標でした。このブランデンブルク門の上にソ連軍の旗が立ったのは、昭和二十年四月三十日午後二時半ごろ、帝国議会議事堂には同じ日の夜十時半にソ連軍が決死的突入を敢行した。そしてベルリン攻防の象徴的映像として残る、議事堂屋根の破風を飾る彫刻群像の上に、勝利の赤旗がひるがえったのは、翌五月一日の早朝のこと。どうでもいいことですが、旗を立てたのは偵察兵のエゴーロフとカンタリア両軍曹であったということです。そんなことを思いながら、わたくしは復元された破風をしばし仰ぎみていたことでした。

ブランデンブルク門を占領したソ連軍

この帝国議会議事堂の裏に宣伝相ゲッペルスの家がありましたが、跡かたを留めないどころか、足の踏み入れることもできないゴミ捨て場になっていました。かれがその天才的な演出力を練った宣伝省跡は、ブランデンブルク門の南、ヴィルヘルム通り（当時は Otto-Grotewohl 通り）の左側あたりにあったのですが、あたりはだれも住むともない半壊のアパート群となって、荒廃のさながら標本のごとくになっていました。

さらにやや南に下り左折したところ、「壁」のあった通りをはさんで、ゲシユタポ（秘密警察）本部と、ＳＳ（ナチス親衛隊）本部の旧建物がならんでいます。かつて前者は東ドイツにあり、後者は西ドイツにあったのです。中間に築かれていた「壁」も、東のゲシュタポ側にわずかに残っていますが、いつまであることか、保証のかぎりではありません。ＳＳ本部の建物はユダヤ博物館として利用されているらしいのですが、屋根の上に屋根をのせたような、そして円柱のならび立つ第三帝国様式のゲシュタポ本部は、いまのところただ朽ちるにまかせているようです。

元ＳＳ本部の建物の前に立ち、全国指導者ヒムラーが一九三八年十一月にのべた訓示の一節を、わたくしは予定どおりつぶやいてみました。「ＳＳの誠実、服従、戦友愛を口にするとき、われわれこそが最良の模範を示さねばならない」。さらにヒムラーは強調します。この誠実という観念には、〝ドイツ的誠実〟のイデオロギー的伝統が存するのである、と。

〝ドイツ的誠実〟とは何なのか。第一には、ヘル（主君・主人）にたいする完全な献身。第二には、自発性。ＳＳ隊員になるとき、ドイツ人は誓ったのです。「私はドイツ国の総統にして宰相のアドルフ・ヒトラー閣下に誠実と勇猛を誓います。私は死ぬまで閣下および閣下の指定される上司にたいして服従を誓います。神かけて！」と。

事実は、こうして多くのドイツ人は恥じることなくＳＳに自発的に入隊しました。その指導集団の三分の一は大学教育を修了したエリートであり、かつその大学卒の三分の一はドイツ法曹界に入る資格をもつ法学部の卒業生であったといいます。かれらは第三帝国において社会的な、政治的な権威をもつＳＳに入りたいと、くり返します、自発的に望んだのです。決して国家から強制されたものではなかった。また将官となったものの一五パーセント近くが、貴族の出身であったのです。

結局は、ドイツの軍部、官僚、経営組織、圧力団体、諸政党、言論界、教育界そして教会など、要するに支配勢力そのものの性格のうちには、ナチスを育てあげる要素（ドイツ的伝統、民族主義、ドイツ的誠実）があったとみるべきなのでしょうか。

ＳＳ本部の前で考えたことを、あのときに周囲のドイツ人に洩らしたら、何をいまさらと笑われるか、悪質な妄想だねと叱られたことでしょう。いまのドイツ人の目標や理想はそんなものとは関係なく一変しているよ。われわれの関心は権力になく、繁栄に向けられている。われわれは祖国とかいう言葉にはまるで無関心で、社会的公正や環境保護に関心を抱いている。われわれはヨーロッパのなかのドイツを目指しているんだと、強く抗弁することでしょう。

つまり、ドイツは本来のドイツに変わったのだと。

そして多分、かれらは過ぐる日の戦争については、一九八五年の、あの胸打たれるワイツゼッカー大統領の言葉を引用すると想像されます。

「過去に目を閉ざすものは、現在にも盲目になる……」と。そしていまのドイツは昔とは違うんだともういっぺん強調することでしょう。

◆ヒトラーの遺言

SS本部から総統官邸跡までの道は、ほんのひとまたぎの距離です。晩秋というより初冬の淡い夕陽を真正面に見すえながら、メモ帳に記しておいたヒトラーが口述した遺書（日付は一九四五年四月二十九日四時とある）の文句を読みながら、わたくしは急ぐことなしにゆっくりと歩いていきました。

「わが将兵の犠牲と死にいたるまでの、彼らと私との同志愛によって蒔かれた種子は、いつかドイツの歴史の中に花を開いて、国家社会主義（ナチス）運動の輝かしき再生となり、やがて真に統一した国家をふたたびつくりあげるであろう」

と、ヒトラーは死にさいして予言しているのです。さらにかれは地下壕の書斎で、将軍カイテルに最後の手紙をかいています。

「このような大きな犠牲がそのまま空しく終るとは信じられない。……目標は依然としてドイツ国民のために、東の土地を獲得することでなければならないのだ」と。

そうです、四月二十九日の夕方、ベルリン防衛司令部ヴァイトリング大将はヒトラーに、ベルリン内の全防衛兵力を結集し、集中的突破を敢行し、ポツダムでヴェンク大将率いる軍団に合流、ベルリンからの脱出を進言しました。二度目の進言であったといいます。しかし、ヒトラーは首を横に振りました。

「余はベルリンにとどまり、総統の座をもはや支えられぬと余が判断した瞬間に、みずから死をえらぶものである」

と、その遺書にあるとおり、四月三十日の午後四時と五時のあいだに、ヒトラーは総統官邸の地上から六メートルの地下壕の私室で、拳銃によってみずからの生命を絶ちました。死体は毛布につつまれ運びだされて、帝国官房の庭で約二百リットルのガソリンをかけられて完膚なきまでに焼かれたといいます。

みずから命を絶つ直前のヒトラー

やがて行きついた総統官邸跡には、建設中途であきらかにわざと作業中止したとみられる二階だての、ソ連風の不細工な建物が、無残な姿で建っていました。ベルリンの壁崩壊のとき、日本のいくつものテレビは「これが総統官邸跡です」と広々とした雑草の丘を映しだしていました。あれは嘘なんです。そこはすぐ近くのポツダム広場であり、総統官邸はヴィルヘルム街とフォス街の角にあった事実を、なぜか無視していたのです。それにしてもこの中途半端な建物をみると、もともと完成する意志はなく、ただ柵と“Betreten der Baustelle verboten”（建築場へ出入りを禁ず）の看板を立てるために半端に造っておいた、と疑いたくなるだけでした。わたくしはかまわず入っていって、地下壕の、ヒトラーが死んだ私室の上、それからその死骸の焼かれた場所と思われるあたりに立ってみました。

ヒトラーは死の直前に命令しました。「地下壕は破壊しないこと、私はロシア軍に私が最後の最後までここにいたことを知ってもらいたいのだ」と。その地下壕を、突入したソ連軍はそのあとでどうしたのか、公刊戦史はまったく触れていません。多分、わたくしの足もとの地下にそのままいまも存在しているのではないでしょうか。

とにかく、中途半端な、不細工な建物のほかは何もないのです。ただしばらく立っていると、その何もない建築現場の地の底からヒトラーの遺書の一節、また一節が切れ切れに、だれが読みあげているのかわからないままに、たしかに聞こえてくるような気がしました。

「この六年間にわたる戦争は、種々反動はあろうが、将来一民族の生への意志のもっとも誉れ高く、もっとも勇敢なる証言として歴史に残るであろう」

「国民の名誉をこの世の何よりも優先させなくてはならない。知ってもらいたいのは、国家社会主義（ナチス）の国家を建設する任務は数世紀を要する仕事であり、そのためには各人が共通の利害に奉仕し、自己の利害を押さえねばならぬということである」

それは決して幻聴なんかではなかった、といまもそう思えてならないのです。ナチスの運動は永遠に死せず、なのではないか、と。

　これで「世界史のなかの昭和史」と題するわが長い探偵報告は終るつもりでしたが、もう一つ、より脱線になりますが、ある意味では大切な報告を忘れていたことに気づきました。このとき、もういっぺんブランデンブルク門に戻りました。そして、日本からはるばる持参した日本舞踊松賀流の舞扇を手に、松賀流の名取として、朗々と謡曲「八島」を詠じながら、歴史的な門の前でひとさし華麗な（？）舞いを舞ったことの報告を。人の世の栄枯盛衰すべて夢の如し……の想いをこめて、わたくしは見事なくらい間違えずに舞ったのです。

〽……敵と見えしは群れいる鷗　鬨の声と聞こえしは　浦風なりけり　高松の　浦風なりけり　高松の　朝嵐とぞなりにける

　かく舞いおさめ、万雷の拍手をまわりの外国人観光客から、ほんとうにあびたのです。

おわり

＊1――この句の作者については、じつは、知り合いの俳人谷村鯛夢氏から教えられていまはわかっている。最初に詠んだ人は、海軍兵学校75期の生き残りのいまは亡き諫見勝則氏で、句は平成四年に詠まれたものという。そしてこれを突きとめたのは千葉市に住む俳人の小林良作氏で、何と尾道市にその句碑が建てられていることまで確認しているという。歴史探偵ならぬ俳句探偵もいることを、まことに嬉しく思ったことであった。

あとがき

著者名は忘れましたが、『巷街贅説』という随筆集が江戸時代に刊行されていて、そこに老人を痛烈に嘲笑した六カ条が載っています。なかで「手はふるえ、足はよろめく、歯はぬける、耳はきこえず、目はうとくなる」と、「うとくなる、気短になる、愚痴になる、心はひがむ、身はふるうなり」という二条（正確ではないかもしれませんが）はどうやら覚えています。

いまのわたくしは、自作の一条をそこにくっつけたい心境にあるのです。「理解力ちんぷんかんぷん、洞察力すっからかんかん、判断力さっぱりぱりん、記憶力がらんどうどう、でるのは同じ話ばかり」

何を戯けたことをと思われる方も多いでしょう。本書のゲラを読みながら、そのおのれの老耄を実感しているのです。歴史探偵を自称し昭和史に首を突っこんでから、この〝世界史のなかの昭和史〟を主題に報告をまとめることを念頭としてきてはいたのですが、実際に参考史料に部厚い翻訳書を山のように積みあげて一年がかりで挑戦してみると、これはもう手に余る、「おわり」までかき上げたものの、どうもスカッとはいきません。

外してはいけない人物や、後に影響するところ大の事件などがずり落ちているのがわかりながら、これらを上手に物語のなかに編みこんでいくことができなかった。往年の無茶苦茶に押しこむ腕力はどこへやら吹っ飛んでいるようです。

たとえばムッソリーニ。本書にはちょくちょくその名がでてくることはありますが、二十世紀の世界をひっかき回したという点では、ヒトラーと同じくらい有罪であるのに、すっかり影を薄くしている。しかし、ヒトラーより早く、一九一五年（大正四）に政治の表面に立ち、一九二二年（大正十一）十月二十八日にローマ武力占領を強行し、国王を脅かして組閣を命じさせ、三十一日にムッソリーニ内閣を成立して頂点に立っている独裁者なのです。

頭をそり、あごを突きだし、怒気をふくんだ目をぎょろつかせ、古代のシーザーさながらにローマをパレードする。そして見事に、世界的な英雄に自らを押しあげました。彼の名言、

「どんなときでもイタリア人は野蛮人か道化師のように行動する」

その言葉どおり、激しい行動、暴力嗜好、露出狂的ヒステリーと尊大な野蛮人そのものでありました。しかしヒトラーの傀儡となってからは、道化師のようにヒトラーに操られて踊った。そして昭和二十年（一九四五）四月二十八日の最期のときには、未練がましく命に固執しましたが、結局銃殺され逆さ吊りにされてしまいます。二十年あまり君臨してきたムッソリーニを哀惜するイタリア人はなし、最後まで歴史の道化師であったようです。

もう一人、のちのフランス大統領ド・ゴールがいます。かいている間じゅう気にはなっていたのですが、本書にはその名がついに一回も登場しないで終りました。ドイツ軍の電撃攻撃の

前にフランスのペタン新内閣が降伏した一九四〇年六月十七日、ボルドーにいた断乎抗戦派のド・ゴールは、この夜、友人を見送るため空港に姿をみせました。そして友人を乗せた飛行機が動きだそうとしたとき、なんと、彼は死を賭して飛行機に走りよって、開いているドアから飛び乗ったのです。ペタン派の警官や役人がアッと息をのむ間に、ドアは閉まり飛行機は地を蹴って飛び上がりました。そして、チャーチルがいうように「機はフランスの名誉を運んで」ロンドン指して飛んでいったのです。

翌十八日、ド・ゴールはＢＢＣ放送で、敗戦で意気消沈しているフランス国民に力強く対ナチス徹底抗戦をよびかけました。

「最後の言葉はまだいわれてはいないのだ……抵抗の炎は消えてはならないし、消えることはないであろう」

この放送により第二次大戦中、ド・ゴールはフランスだけではなく、連合国側の忘れてはならない英雄になったのです。せめてこの事実だけはかいておこうと思ってはいました。書棚に、沢山の史料本とならんでド・ゴール著『剣の刃』（小野繁訳、葦書房、一九八四年）があります。史料探しで書棚の前に立つたびにその本が「俺はここにいるぞ、忘れるなよ」と呼びかけてくるようで大そう閉口しましたが、その要望についに応じられませんでした。

そして事件では、ユダヤ人虐殺についてです。たとえばアウシュヴィッツ収容所の入口にかけられた「労働は自由への道」の標語をユダヤ人はしっかり読んだうえで門をくぐりました。

が、労働が彼らをどんな自由へと導いたのか。百五十万人がここで殺されたのです。そのユダヤ人虐殺についても、ふれることができませんでした。

――というような次第なのです。自作の「老人訓」をわたくしはぶつぶつ呟きつつ、まったく年齢不相応の大仕事に取り組んだものだと痛感し、いくらか呆れかえっているのです。

二〇〇四年二月に『昭和史 1926-1945』を上梓していらい十五年がかりで本書までたどりついて、わたくしのやろうと思っていたことは終ったようです。あとはのんびり楽しい隠遁幽居と息ばってみたいのですが、そうもいかないでしょう。うるさい編集者が電車を乗りついでやってきて何だかんだというにきまっています。一緒に日本酒をガブ呑みし、

「人間八十八年、あとは俺のやりてぇことをやって生きるまでのことよ。手前たち木偶の坊の、余計な意見なんぞいらねぇんだ。大べらぼうめぇッ！」

なんて、大口をたたいているうちに、とんでもない約束をして、あとで寝床で「シマッタ！」と後悔している、という、サマにならないことをくり返すに違いないからです。

ともあれ、そのうるさい編集者の山本明子さんに心から感謝します。ほんとうに長年の伴走は大変であったと思います。ありがとうございました。

二〇一八年一月吉日

半藤一利

半藤先生の「昭和史」で学ぶ非戦と平和

世界史のなかの日本
1926~1945
下

解説

文 山本明子
（「昭和史」シリーズ編集者）

歴史が面白くなるのはいったいどういうときか、ある本を読んでいて深くうなずいたことがあります。「過去に生きた人たちのことを生き生きと思い浮かべ、彼らが実際に生きていたという感じがはっきりとつかめるようになると、歴史はがぜん面白くなる」（富士川義之『ある文人学者の肖像』）。この事件や出来事が起こったとき、この人物はどんな顔をし、どんなふうに感じていたのだろうか。読者のほうで想像力を働かすようになるやいなや、歴史は身近で面白く、魅力的なものとなる――と。半藤さんの昭和史は、「歴史を自分たちの側にひきよせて書き残している」ために「そこに昭和史が生のままで生きている」とノンフィクション作家の保阪正康さんが評するように（『別冊太陽　半藤一利』）、まさに過去に生きた人たちが多くの逸話をとおして生き生きと描かれています。とくに本書では、私たちが容易に想像しにくい時代の、背負った歴史や文化、民族性の異なる指導者たちが、何を考え、どう行動したか、時には仕草もまじえて目の前で見ているかのように描写され、時代が動いていく過程が想像されてきます。歴史ががぜん面白くなる、と同時に、その「怖さ」も十分すぎるほど味わえるのです。また保阪さんは、半藤さんは人が考えを変えていくプロセスを辿ることに強い関心を持っていた、と述べています。出来事には直接の原因のほかに、間接の原因として指導者たちの心の動きが大きく作用していたことは、上巻でみてきた通りです。ヒトラーやスターリンら時の権力者の性癖、心理、固執などが、世界や日本にいかに大きな影響をもたらしたか。下巻ではその影響が〝暴力〟として表面化していく世界大戦が描かれます。

では各章のあらましと読みどころをみていきましょう。

＊

第五話（昭和十四年）は、第二次世界大戦が勃発し、話し合いでなく力が世界を支配する世の中となります。各国のもくろみが錯綜しながら変化を続けるこの年の世界情勢は、ややこしいだけに歴史の面白味を堪能できるといえるかもしれません。

昭和十四年が明けると、終わりのみえない日中戦争、こじれる米英との関係など難問が山積みとなって内閣を放り出した近衛文麿に代わり、右翼団体・国本社の総裁平沼騏一郎が首相となります。目下の懸案はドイツから言葉巧みに持ちかけられた日独伊三国同盟への対応でした。ソ連を脅威としてドイツと組むことに乗り気の陸軍と、調印に強く抵抗する海軍が対立します。海軍が反対した理由は、「ヒトラーに引きずられて、日本は英仏はおろかアメリカとの大戦争にまきこまれる」危険を避けるためでした。しかし結果はご存じのように海軍がおそれていた通りになります。

陸軍が脅威としていたソ連はどうかというと、スターリンの関心はアジア方面ではなくヨーロッパの動きに向いていました。ドイツがチェコの一部を我がものとしたのをみて、用心を怠ることなく紛争の渦中に巻き込まれず、ヨーロッパ列強間の敵対抗争を利用することを狙っていたのです。そうするうちに五月、ノモンハン事件が起こります。

一方ドイツは三月、ミュンヘン協定をやぶってチェコの首都プラハに堂々と進駐しました。英仏が動かないのをいいことに、ヒトラーはさらにポーランドへの侵攻をもくろみます。フランスがもう黙っていられないと動員を開始すると、イギリスも艦船の準備をはじめました。ここで動いたのがスターリンです。英仏に「相互安全保障」の枠組みづくりをもちかけたのです。結果的には拒絶されますが、スターリンはこれでヨーロッパ列強の消耗戦を高みから見物できるとご満悦です。これに反応したのがヒトラーでした。ソ連が中立を保たず英仏に接近したのを腹立たしく思い、ならばこちらがソ連を抱き込んでしまおうと考えはじめたというのです。この「途方もない考え」の裏に、軍事同盟への返事をよこさず煮え切らない日本にヒトラーが業を煮やした、という背景を著者はみています。大戦に向けて刻一刻と変化する状況に、日本国内のごたごたが見えざる影響を及ぼしていたわけです。

戦いのはじまったノモンハン事件については、ソ連軍が見た日本軍の印象が紹介されていて興味を引きます――几帳面で下級指揮官はよく訓練され狂信的な頑固さで戦い、降伏せず躊躇なく「ハラキリ」をやる、上級将校はイニシアチブをとらず紋切り型の行動をする――結局、命を落とすのは判断力のない上官についた部下なのです。ただしここでは「世界史的にみるノモンハン事件の意味」が重要です。当時、蔣介石は狂信的な日本軍を阻止するため、ソ連が日本の友好国ドイツでなく英仏と同盟することを望んでいましたが、様子見をしていたスターリンはやがて日本への総攻撃を決意します。西でヒトラーの勢いが脅威となってきたのを見て、東から挑発してくる敵は早々に打ちのめしておこうという理由でした。しかし慎重なスターリンにはもう一押し、決定的な切り札が必要だったようです。

そんな矢先、ヒトラーは態度をガラリと変え、ソ連に新たな友好関係を提案します。甘い言葉をかけるヒトラー、しめたと喜ぶスターリン、やがて両巨頭のあいだで下心に満ちた往復書簡が交わされます。史実と想定上の二人の狙いが交錯するあたりは、ドラマのような緊迫感を漂わせます。スターリンが色よい返事をよこしたときのヒトラーの喜びは、「ついに全世界が俺のポケットに入った！」の叫びとなりました。こうして互いの思惑を背負って成立した独ソ不可侵条約が日本にもたらした驚愕はいかばかりであったでしょう。「国際信義の頼りのなさは昔も今もそれほど変わってはいない」と著者は述べます。今は親密にしている国同士もいつ突然、敵に転じてもおかしくありません。「ヨーロッパで大戦争の戦端がひらかれんとするときに、ソ連が中立でいられる保証もなくして、アジアで大攻勢を敢行するほどスターリンは無謀ではない。もっと慎重な、疑い深く、計算高い人物であり（中略）ヒトラーとの握手が間違いないものとなったときには、徹底的に日本軍を潰滅させてやるとの決意を固める」、そんな人物だからこそ、ドイツとの不可侵条約がみえてきた途端、スターリンはノモンハンでの総攻撃を命じたのです。外交に公式なし。日本軍がジューコフ大将の猛攻に大打撃を受けたのも、二国間の問題でなく、大戦への対立構図が築かれつつある世界の動きが絡んでいたのです。

ヒトラーは国防軍幹部に言いました、「戦争で重要なのは、最初から最後まで正義ではなく、勝利なのである」。暴君は勝つためなら何でもするのです。何のために、と問う意味すら虚しくなります。古今東西、国やトップはなぜこれほど領土拡大に業のような執念を燃やすのでしょうか。もし狂ったように権力に執着したヒトラーやスターリンが現れなければ近代史は変わっていたか——と考えると、やはりちゃんと代わりの人物が現れて同じような道をたどった気もしなくないのです。歴史とはそのようなものかもしれないと。

さてアメリカは？　こちらはお祭り騒ぎです。第一次世界大戦で十二万人もの若ものを死なせた記憶も消えぬうちに、また戦争にまきこまれるのはまっぴら、四月にはじまったニューヨーク万国博覧会の成功こそが大事でした。日本も参加したその万博のテーマが「世界の未来」であったとは、またまた「あまりにも皮肉な」話です。ふたを開ければ入場者は計四千五百万人の盛況でした。しかし、激変する世界情勢にそっぽを向いて夢のような未来を描いていられるのはいつまでか、「世界の新しい秩序はいまや力によって建設され支配される」時が刻々と迫っていました。その証拠に、アメリカは万博のさなかの七月、日本に日米通商航海条約の廃棄を通告してアジアに断固たる姿勢をみせ、将来の石油全面禁輸の可能性をも示唆したのです。日本人は反米感情をふたたびつのらせていきました。

世界情勢が激変するなか、平沼内閣は「欧州の天地は複雑怪奇なる新情勢を生じた」と発言して総辞職します。「日本の外交のあまりにも情けない無為無策ぶりをそのまま表明」したもので、石橋湛山が厳しく指弾したのも無理はないでしょう。なお、本書がかかれた頃は安倍内閣がアメリカのトランプ大統領やロシアのプーチン大統領と親密さをアピールしていましたが、数年後に世界情勢は一変しました。自らの信念もなく、「臆面もなく」時の勢いのある権力にすり寄ってゆくと何が起こるか、教訓に満ちた私たちの過去に注意が促されます。

そしてヒトラーはポーランドに侵攻し、第二次世界大戦の火蓋が切られました。

第六話（昭和十五年）、日本は皇紀二六〇〇年を盛大に祝うと同時に、「昭和史が世界史の主役に躍りでた」――といっても英雄的な意味ではまったくありません。

大戦がはじまったものの、お互いが牽制し合うように銃火を交えようとしない、いわゆる「まやかしの戦争」がしばらく続きました。それに乗じてドイツとソ連は予定も含めた占領地の分割について協議を進めます。そこには日本も含まれていたとか……。

そんな日本に大きな影響を及ぼすことになった、と著者がみる二つの出来事が起こります。ソ連がフィンランドに攻撃をしかけた「冬戦争」での大苦戦と、ヒトラーが演説会場を予定より早く立ち去った後に爆弾が爆発し、危うく暗殺を免れたことです。奇跡的に命拾いしたヒトラーは、自分の神がかりに確信を強めながら、好戦的なソ連軍とその大苦戦を見てまた心境を変化させます。「ドイツが西部戦線で手詰まりになれば、〈東から〉ソ連が攻撃してくる」、ゆえに「ソ連の軍事力が危険なものに成長する前にこれを粉砕したい」と。表面では親密な笑顔を装っていながら、裏で次の攻撃目標をソ連に定めているとは……政治家の決断は「虚実皮膜の間にあり」。ヒトラーという「一人の人間の強烈な、そして一途な思いこみによって動かされてしまう歴史の流れの微妙さ」を現代に重ね合わせて著者は警告をつづけます。このとき念頭にあったのは「安倍首相の憲法改正へのやみくもな突進」でしたが、その例に限らず、今も権力者一人が執着する対象への見境のない突進が歴史を揺さぶりつづけるさまを私たちは目の当たりにしています。

日本に目を転じると二月、国会で元弁護士の斎藤隆夫議員が日中戦争を長期化させている陸軍を批判します。本シリーズで著者がこの勇気ある〝名演説〟に言い及ぶのは実に三度目、それだけ読者に記憶にとどめておいてほしいのでしょう。斎藤議員は激昂した陸軍の圧力で議会を除名され、「奈落の底だよ」と意味深長な一言を残して議場を去りました。言論の自由が許されないほど議会政治が形骸化した日本はどこへゆくのか。またもや「歴史の皮肉」で、この演説の余波で与野党を問わない「聖戦貫徹議員連盟」が結成され、アメリカとの仲を回復させようとしていた米内光政内閣の命運を尽きさせてしまったのです。

四月に入るとドイツ軍はデンマークとノルウェーに攻撃を開始、すぐに降伏させると、次はオランダ、ベルギー、ルクセンブルクの三国に侵攻、六月にはあっという間にパリを陥落させました。まさに電撃作戦の圧勝です。ただし、チャーチルが首相になったイギリスではそうはいきませんでした。八月十三日にはじまった英本土各地への猛攻撃においては〝偶然〟が戦闘の様相をがらりと変えたというのです。いわゆるバトル・オブ・ブリテン（英本土防衛戦）

に出たイギリスがやや劣勢になったとき、ドイツの爆撃機が目標を見失ってロンドン中心部に爆弾を投下してしまいます。すると報復としてイギリス軍はベルリン中心部を爆撃、さらに大編隊でベルリン市街に無差別爆撃をかけたのです。しかも、事前にチャーチルの提議で内閣と国会が承認し、国民の大多数の熱狂的な支持を受けた、つまり「民主主義的国家の法的承認をすべて満たした上での無差別攻撃」でした。正々堂々と無差別攻撃をする、「ここに戦争というものの非人間的な恐ろしさがある」と著者は述べます。ヒトラーがどれほどの巨悪でも、敵国に生きる市民の命を一瞬で奪う攻撃を圧倒的多数で賛成してしまう――戦争のこわさはもちろん、〝民主主義のこわさ〟と考えることもできます。

報復への怒りでヒトラーもまた無差別のロンドン大空襲に出ます。しかしドイツ空軍の戦術をレーダーが解読して迎撃、少数ながら火力に勝る英戦闘機は粘り強く、速力に長けても航続距離の短いドイツ戦闘機を劣勢に追いやり、潮目の変わった戦闘はイギリス優位に転じていきました。それを受けて、ヒトラーの目はいよいよソ連攻撃へと移っていきます。

そうとも知らない日本は、「ヨーロッパ新秩序」を唱えて圧勝をつづけるナチス・ドイツに置いて行かれてはならない、アジアでは日本が盟主となり「東亜新秩序」をつくるのだ、「バスに乗り遅れるな」と三国同盟調印を急ぎます。膨張した野望は伝染するのか、国民までがますますドイツ贔屓になっていったといいます。その背景は、著者いわく、日本とドイツとの共通点として、ポジティブな面では「堅実、勤勉、几帳面、徹底性、秩序愛、律義さ、端正」、ネガティブな面では「頑固、形式偏重、無愛想、唯我独尊」などが考えられるとか。「日本人はおのれの投影をドイツに認め、すこぶるつきの親近感を抱いた」——そんなものでしょうか。今では想像がつきにくく、ある意味で時代がつくる感情かもしれません。

ただし指導者たちは三国同盟にとどまらず、ソ連を引きこんで「四国協商」を実現し、米英を牽制して日本の南進政策をさらに進めるという妄想まで抱きました。そして相変わらず甘いもくろみのまま日独伊三国同盟が成立するのです。「可哀想な昭和史」はノー・リターン・ポイント、もはや引き返せない一線を越えてしまいました。なぜならこの軍事同盟はアメリカにしてみれば、極東の島国であった日本が「三国同盟の締結によって世界史のなかに割って入ってきた軍事大国へと相貌を一変させた」ことだったからです。世界大戦で中立の態度を維持していたアメリカは、かつての中国における日本兵の暴虐と野蛮を思い出して憎悪を再燃させ、大日本帝国を〝唯一の敵国〟として参戦へと傾いていきました。

第七話（昭和十六年）は、太平洋戦争のはじまりです。

昭和十六年が明けると、ルーズベルト大統領は年頭教書演説で「四つの自由」の実現を国民に訴えました——言論と表現の自由、信教の自由、欠乏からの自由、恐怖からの自由——最後の「恐怖」に日本が含まれていたかどうか、著者は言葉を濁しています。対して日本では同じころ、東条英機陸相が「戦陣訓」を全軍に発します。中でもよく知られる「生きて虜囚の辱を受けず、死して罪禍の汚名を残すこと勿れ」は、日本国民に大きな精神的打撃を与えたといいます。年頭にあたっての指導者の言葉は、日本とアメリカでは訴える内容も、国民に与えた影響も、あまりにも異なっていたわけです。

そうはいっても開戦を避ける努力はつづけられていました。しかし野村吉三郎駐米大使の奮闘はむなしく、日米諒解案はまったく功を奏していません。日本のあいまいな戦略政略と「なんとかなる」の楽観主義でうまくいくはずはなかったのです。

他方、松岡外相はヨーロッパに出かけ、大局的な客観性と冷静さを欠いた「主観妄信の突進」で外交にのぞみます。ヒトラーとスターリンに囁かれたりおだてられたり、結局はまるめ込まれた松岡への嫌悪感は、シリーズを通して何度も語られています。あたかも昭和史の罪人のごとくで、悔しさの裏返しか、著者の〝執念〟さえ感じます。ただ何度もみてきたように、外交とはつくづく難しいものです。相手の言葉をそのまま受け止めて痛い目に遭うこともまれではありません。松岡はソ連でスターリンと直接会うことができ、「日ソ中立条約」の締結という思わぬ手柄を得ましたが、日本を喜ばせてしめしめとほくそ笑んでいたのはスターリンの方だったと著者は述べます。やがて来るだろうドイツからの攻撃に備えて、西側の日本をひとまず味方にしておけたのですから。

ここで著者は、偽文書の可能性を承知しながら、ヒトラーがスターリンに宛てたという極秘書簡について、舌なめずりするように紹介しています。すでに対ソ攻撃作戦の発動を国防軍に命じておきながら、独ソ戦の噂が立つのは不本意であり挑発に応じないよう、ソ連を牽制するような言葉をいけしゃあしゃあとスターリンに告げるところなど「役者ヒトラー」の面目躍如。謎を残すだけに、歴史をかく「面白さとともに恐ろしさ」を併せもつのでしょう。

六月二十二日、ついにドイツはソ連侵攻を開始しました。大局的にみればこのとき「約束を破ったドイツと手を切って三国同盟を廃棄、局外中立の名のもとに世界戦争から脱出できるチャンスが日本に訪れた」にもかかわらず、アジアの盟主への欲をかいて三国同盟に固執し、大チャンスを逃します。三国同盟も日ソ中立条約も戦争回避のためのものではなかったのかと、「みずから国家敗亡の道を選んだ」自国に天皇の落胆の大きさが想像されます。

ドイツ軍のソ連猛攻が成功をつづけるのを見かねて、ヒトラーを徹底的に嫌うアメリカのルーズベルト大統領はソ連支援に乗り出します。イギリスのチャーチル首相と対ドイツ戦勝利にむけて、力による領土併合に反対する共同声明「大西洋憲章」を八月十四日に発表しました。これはヒトラーへの挑発であると同時に、アメリカがいよいよ戦争に加わる意志を示したことでもありました。スターリンは喜びましたが、しかし意外にヒトラーは動じませんでした。「別のことに関心をもっていた」からといいます。つまりベルリンからユダヤ人を収容所へ送ること――あの悪夢の大虐殺への一歩が踏み出されようとしていたのです。

アメリカの動きに無関心なドイツと異なったのが日本です。天皇が望みをつないで待っていた日米諒解案への返事は届かず、しびれをきらした近衛内閣は対米英戦の準備にかかろうとします。「軍の戦争への歯車はすでにフル回転して」おり、「軍の力学というものは動きだすと、それはすさまじい勢いで働きだす。もう止めることができない激しいものとなる」。暴力とはそういうもので、だからこそ動き出さないようとどめておくことが大切なのです。それ以上に、武力組織をもたなくていい世界にすることが何より肝心ですが。

かくいう軍部内でも、石油確保の方法、米英の連携への認識、の二点で陸海軍が対立します。陸軍が主張するように石油のためにシンガポール攻略戦を開始すれば、アメリカが応戦してイギリスと共同歩調をとるだろうと危機感をつのらせる海軍は、オランダ領東インド進駐による資源確保を最優先に考えました。しかし陸軍は「フィリピンに手を出さなければアメリカは静観」する、と譲りません。しかし結局、戦況を考えるならシンガポールの攻略を避けて通れず、となると航空機の発着拠点を確保するために南部仏印進駐へと進まざるを得なくなったのです。そんな具合に、お互いが勝算のとぼしい大戦争に備えていくら頭を悩ましていたとしても、「六兆五百五十億円の戦費を投じ、十九万人が戦死、九十五万人が傷つき、しかもなお七十五万人が戦場である中国大陸にあった昭和十六年に、さらに大戦争に突入することの正否や無謀さは、勝算よりもさきに論ずべきであった」という著者の指摘にはたと言葉を失います。このとき日本にとって真の敵とは何だったのか。そのことを広く冷静に考える回路はもはや指導者に望むべくもありませんでした。

ドイツの猛攻で日本は平和より戦争へ、近衛首相から東条首相へのバトンタッチと同時に急速に傾いていきます。対米英戦が現実味をおびるなかで著者が注目するのは、天皇が早い段階から戦争終結の手段を考えていたことです。しかも「ローマ法王庁との使臣の交換など、親善関係を樹立する必要がある」などと具体的に、です。戦争の先のことを考えていたのは、山本五十六大将もまた同じでした。シンガポール攻略に全兵力を投入しているときに米艦隊が日本本土に大空襲をかけてくれば対処しようがない、ならばむしろ「ハワイにいる米主力艦隊に先制攻撃を加えて壊滅的なダメージを負わせ、後方を安泰にしたうえで、その後ゆったりと南方へ進軍すべし」という真珠湾の奇襲攻撃作戦は、「コペルニクス的転回」の秘策だったのです。そしてその先の目的は、短期戦で講和に導く戦法はこれしかないという、つまり戦争の早期終結でした。

やがてアメリカから最終提案ハル・ノートが届きます。中国やインドシナからの完全撤退をはじめ強硬な四条件を「アメリカからの宣戦布告」とみなした日本は、すでに戦闘開始の準備はすべてととのっており、これを拒否して開戦へと進みます。〝大統領の戦争〟でなく「世論の支持のもとの戦争」になることを切に願っていたルーズベルトには、日本からの第一撃は思い通りの展開でした。ただ、真珠湾での第一撃は予想していませんでしたが。

その頃、ドイツ軍はソ連で予想外の冬将軍に大苦戦を強いられ、さらに米英からのソ連援助も続くうちに、戦いの潮目が変わります。零下二〇度のモスクワで突如、ソ連軍の大反撃をうけるやドイツ軍は崩壊し、敗走を強いられたのです。一挙逆転です。

ここまで語ってきた著者は、「〝天〟の意志」のような歴史の大きな流れには抗えない、運命というものを考えざるを得ないと〝お手上げ〟のように吐露します。大地震や大津波といった予期せぬ自然のはたらきのごとく、歴史は人間の意志をはるかに超えてしまっていると。日頃「運命論は信じない」と言っていた著者が、鉛筆を持つ手をとめ、天を仰いでしばし放心する姿が目に浮かぶようです。そしてなお、このドイツ軍の苦境をもしも日本政府や軍部が早く知っていたら、と「いささか未練がましく」歴史のイフを持ちだすのです。今さら無駄な仮想といわれても、ひょっとしたら世界の情勢を知った指導者たちが目を覚まし、違う決断をしたかもしれない。万に一つでも、あの戦争が避けられた可能性を夢見るイフなのです。しかしそうならなかったのも、「〝天〟の意志」であったかもしれません。

十二月八日、戦争に突入する真珠湾攻撃の描写は、どこか小説のようです。事実はこの通りでなかったとしても、戦争や人間の真実をより伝えているとみることもできます。

エピローグ（敗戦〜現代）は、あとになれば滑稽にも、日本が中立条約にしがみついて最後まで戦争仲介の頼みとしていたソ連の、反逆的な満洲侵攻について述べられます。悲劇はなぜ起こったのか――この件に著者は格別のこだわりをもっていました。

「当時の日本人は、スターリンという独裁者およびソ連人というものを、まったくわかっていなかった」「日露戦争の復讐というソ連人が根に深くもちつづけていた対日本への心理的動機を、ついに見抜くことができないままであった」、そう言いながら著者は、「瀬越良三」の名義で昭和十九年暮れから翌年二月にかけてソ連に派遣された瀬島龍三中佐の動向に目を向け、

〝歴史探偵の仮説〟を繰り広げます。ソ連で密かに和平工作を試みていたのではないか？　というのも、瀬島は一介の参謀にすぎないとはいえ、和平派の重臣である岡田啓介、迫水久常と姻戚関係にあったからです。しかし戦後、何度か本人に取材して問いただしたものの、一貫して否定されたとのこと。いずれにしても和平派が最後まで望みを託したにもかかわらず「結果としてはソ連に翻弄された」、その裏には、無条件降伏となれば国体護持が危うくなるという強い危機感がありました。あくまで天皇制にこだわる脳裡に、ソ連人の根深い日本への恨みに目を向ける余裕はなかったことでしょう。ソ連側に脈ありと希望的観測にとらわれているうちに、そのソ連がすでに中立条約を破棄しているという情報を得損ない、満洲侵攻の惨劇は起きたのです。

後半は、著者がベルリンに一週間滞在した記憶が語られる、紀行文学の趣をもつ終幕となります。ヒトラーが独裁をきわめた場所の空気を吸い、歴史を振り返りながら思索を深める展開は、解釈もそう単純にはゆかない気がします。

旅は一九九〇年（平成二）十一月、ベルリンの壁が崩壊して一年、東西ドイツが統一されてひと月後のタイミングでした。「第三帝国の遺跡」とあるのは、ナチス統治下、一九三三〜四五年のドイツを、中世から近世の神聖ローマ帝国、十九世紀の独仏戦争後の第二帝国に続く「第三帝国」と称したのです。秘密警察やナチス親衛隊の旧建物など、遺跡にはまだかすかにナチス政権の残骸が見られました。ブランデンブルク門の上に、ベルリン攻略戦に勝利したソ連軍の旗が立ったのは四十五年前、一九四五年四月三十日のことでした。

本書では一度ならず、国民性や民族性について言及されてきました。長い歳月が培ったドイツ人の根っこにある何がナチス政権を生み、結果的に悲劇を招いたのか。民族主義とともに、主君にたいする完全な献身、その自発性という〝ドイツ的誠実〟の伝統に、著者は着目しています。戦後、人びとの関心は経済繁栄に移り、過去を清算して生まれ変わったといくら今のドイツ人が主張したとしても、深く人の心に浸透してきた伝統という根っこはそう簡単に断ち切られるものではない——現地に立って著者はそう感じたのではないでしょうか。あるいは、それをあの愚かな戦争をした日本にスライドさせながら。

ここにドイツ統一時の大統領ワイツゼッカーの有名な言葉「過去に目を閉ざすものは、現在にも盲目になる」を引いたのは、逆にこの〝名言〟を盾に、自分たちは過去と向き合い認めたのだという態度を見せ、過去と決別した今のドイツは昔とは違うと強調する内奥で、悪しき伝統が根絶せず密かに出番を待ってはいないか、そんな懐疑の表われにも読めます。

ワイツゼッカーは、父親がヒトラーのもとで高官を務め、戦争犯罪人として有罪判決を受けました。自身も第二次世界大戦に従軍し、三歳上の兄は戦死しています。戦後、父親の弁護を手伝ううちにナチスの犯罪を知ったといいます。実業界から政界入りして一九八四年に大統領となり、任期中に東西ドイツを再統合しました。著者が引いたのは、彼が大統領就任の翌年、敗戦四十周年に行なった演説の一節です。ドイツの罪を心に刻むことが和解の前提である、と自国の過去の所業をまっすぐにみつめたものとして世界の注目を集めました。しかし、淡々とこの言葉を引く著者の筆致がいささか冷めたように映るのは気のせいでしょうか。

旅はヒトラーの遺言を読みながら続きます。そこにはナチス運動と統一国家の再生という不敵な予言も含まれていました。総統官邸の地下壕で彼が拳銃自殺を遂げたのは、ブランデンブルク門にソ連の旗が立った約二時間後でした。死の直前、地下壕は破壊するなと命じ、「私はロシア軍に私が最後の最後までここにいたことを知ってもらいたい」と語ったとか……いつの間にかヒトラーの亡霊が現れて、凡人には計りがたい胸中を独りごちているかのようです。おぞましい歴史を刻んだ場所にやどる力のなせるわざでしょうか。

ブランデンブルク門の前で、修羅物の能「八島」を舞う幕引きは、独特の余韻を残します。実際に著者は日本舞踊松賀流の名取で、国立劇場の舞台で舞を披露したこともあります。ただ、ベルリンまで来て舞うとはよほどのことでしょう。

世阿弥作とされる「八島」は、都から四国讃岐にやってきた旅僧一行が源平合戦の古戦場である八島（屋島）の浦で出会った老漁夫に一夜の宿を乞い、往時の合戦のようすや源義経の雄姿を語る漁夫の話に耳を傾けます。漁夫は義経の亡霊でした。その夜、僧は夢に、鎧兜姿の義経が敵前で流した弓を取り戻すいきさつを語るのを見ますが、朝の嵐とともに消え去る――という筋書きです。

「人の世の栄枯盛衰すべて夢の如し」、著者が舞にこめた想いには、あまりに悲惨で愚かな二十世紀の大戦争も、翻弄されつづけた「可哀想な昭和史」も、夜が明けるとすべて夢であった、そんな幻とも感傷ともつかぬ万感が織り込まれているのかもしれません。西洋の石造建築を舞台に、四肢をゆっくりと動かし、無表情に源平合戦の夢を舞う著者の姿は、悠久の歴史を凝縮しているかのようです。

あとがきには「老耄」の自覚が目につきます。このころの著者は、「老い」「耄碌」などの語句をとりつかれたようによく書いていました。衰えをいたく自覚しながら、身を削るように原稿用紙のマス目を埋めていたのだと思います。そして本書でふれられなかった三つのことを後悔まじりに挙げています。①イタリアの独裁者ムッソリーニ、②ナチスへの徹底抗戦を叫んだフランス大統領ド・ゴール、そして、③ナチスのユダヤ人虐殺――アウシュヴィッツの悲劇、です。著者の心残りを埋め合わせてゆけるのは読者です。皆さんの〝宿題〟として、一つ一つ、昭和史との関連を頭におきながら『世界史のなかの日本』を補足してくだされば、激動の近代史への理解が一層深まるだけでなく、夢のなかに戻るようにこの世からいなくなった著者も大いに喜ぶことでしょう。

*

半藤さんはとくに晩年、古代中国の思想家である墨子（前五～前四世紀）への思いを深めていました。戦国時代でありながら「非戦・非攻」や「兼愛」をとなえた、異色ともいえる思想の持ち主です。あまりに理想的で非現実的であると批判も多く、孟子や荀子など儒家も否定的でした。しかし、半藤さんはそれを承知であえて「戦争のない世界」という理想に、最後までこだわりました。

のこされた半藤さんの膨大な言説のなかで、ひときわ心に残っている言葉があります。「戦争の芽を見つけたらプチンプチンと摘み取る、それを不断に繰り返していく」。ラジオのインタビューで話していた内容を改めてうかがい、〝語る自伝〟に収載しました。

「日本がまた戦争のできる国になることを憂える声は聞こえてきますが、私は正直、まだ間に合うと思うんです。せっかく日本は戦後七十余年、危うい面もあったが、戦争をしない、決して攻撃はしない国を築いてきました。平和というものは国民の努力によって支え、保つことができるんだということを、日本人は七十年かかって世界に示してきたんです。それを世界に広げるという積極的な役割を担うことができる、日本は世界で唯一の国なんです（中略）『戦争がない』ことがいかに大事なことか。戦争は天から降ってくるものではありません。人が起こさないように努力しないといけないんです。墨子の教えではないけれど、もしも、戦争になるかもしれないという芽が少しでも出たら、プチンプチンとそのつど摘み取って、つぶしてやろうという努力を永遠に続けないといけない」（『わが昭和史』）

「理想には現実を変える力がある」ということを哲学者の三木清は述べたそうです。「どうせ変わらないから」と最初から何もしないのではなく、目の前の現実やまだ見ぬ結果にしばられず理想を語ることを恐れない、その勇気と覚悟を人間は忘れてはならないように思います。諦めないことは努力を継続することにつながります。ロシアのウクライナ侵攻後、ロシア国営テレビの生放送中に反戦を訴えた元職員の女性が、起訴され、自宅軟禁を言い渡されながらなんとかロシアを脱出、指名手配されても生き抜き、変わらぬ思いを訴えているようすを映像で見ました。無事に、そして自分の信念に恥じないように生きることは難しいですが、諦めればおしまいです。

もう一つ、ぜひお伝えしておきたい半藤さんの言葉があります。

「まず『歴史を学ぶ』、そしてどういう時に人間がどう考えたのか、どういう思いでこういう選択をしたのかを知る。そして、いちばん大事なときに、こんどは『歴史に学ぶ』。するとそれなりの教訓となるんです」（同）

『世界史のなかの昭和史』が刊行されてほどなく、ジャーナリストの池上彰さんが東京工業大学のゼミで学生たちと本書を読み、その後、半藤さんを招いて話を聞く機会をもちました。終了後、学生の一人が「歴史を学ぶことは現代社会を知ることなんだ、と改めて思うようになりました」と感想を述べているのを読み、そのとおりだと思いました。本シリーズでさまざまな角度から昭和史を学ぶうちに、現代の日本や世界の情勢に関心を深めた人は多いのではないでしょうか。

紛争や貧困など問題が山積する現代、もしあなたが世界のリーダーだとしたら、どんな策を提案し、どのように実行へと導きますか？　具体的に、です。国益はもとより、これからはそれ以上に〝世界益〟を考える時代ではないかとも思います。晩年の半藤さんは、若い人に望みを託していました。その力を大いに期待していました。

よく学び、従来の枠組みにとらわれない発想で世の中を平和に導いていってほしい、本シリーズを読んだ皆さんのなかからそのような人が現れてくれることを、半藤さんは切に願っているに違いありません。歴史を学び、歴史に学び、平和への新たな思想を生み出して、日本から世界の空気を変えてください。めざせ、世界の換気扇！

関連年表

元号（西暦）	首相	日本のできごと	世界のできごと
大正			
大正三（一九一四）	大隈重信	第一次世界大戦起こる（〜七）	
四（一九一五）		対華二十一カ条の要求を出す	
六（一九一七）	寺内正毅		ロシア革命
七（一九一八）		シベリア出兵（〜十一）	ウィルソン米大統領の休戦条件をいれ大戦終結／ドイツ皇帝ヴィルヘルム二世、オランダへ亡命
八（一九一九）	原敬		中国で五・四運動／パリ講和会議でヴェルサイユ条約調印／ヒトラーがナチスの前身DAP入党
九（一九二〇）			国際連盟発足／尼港事件
十（一九二一）		陸軍士官学校の「三羽烏」がバーデンバーデンで密約／裕仁親王が摂政となる	ヒトラーがナチス党首となる／アメリカでハーディングが大統領就任、景気回復へ
十一（一九二二）	高橋是清	ワシントン海軍軍縮条約調印、日英同盟廃棄	スターリンがロシア共産党書記長となる
十二（一九二三）	加藤友三郎 山本権兵衛（第二次）	関東大震災／朝鮮人虐殺事件／亀戸事件／虎ノ門事件	フランス軍がドイツのルール地方を不法占拠。対するナチスのクーデタは失敗、ヒトラーは逮捕される
十三（一九二四）	清浦奎吾	日本共産党解党	レーニン死去／アメリカが排日移民法制定
十四（一九二五）	加藤高明	治安維持法公布／日ソ復交のための条約調印	ヒトラー『わが闘争』刊行開始、翌年全巻刊行

元号	年	首相	日本	世界
大正	十五（一九二六）	若槻礼次郎	12月25日、大正天皇が亡くなる	蔣介石が国民革命軍総司令となり北伐開始
昭和	昭和元（同）		皇太子裕仁親王が第百二十四代天皇に即位して、昭和改元	レーニンの「遺書」が公表され、スターリン時代幕開け
	昭和三（一九二八）	田中義一	張作霖爆殺事件（満洲某重大事件）／パリ不戦条約調印／石原莞爾が関東軍赴任、「満蒙問題」に関して次々提案	ソ連「一国社会主義」の旗をかかげスターリンが国力回復五カ年計画にいそしむ
	四（一九二九）	浜口雄幸	映画『大学は出たけれど』封切、流行語となる	中ソ紛争／ウォール街株式市場が大暴落
	五（一九三〇）		ロンドン海軍軍縮条約調印	
	六（一九三一）	若槻礼次郎（第二次）	中村震太郎大尉、中国軍に虐殺される／満洲で万宝山事件起こる／満洲事変（柳条湖事件）起こる／チチハル占領	
	七（一九三二）	犬養毅 斎藤実	錦州占領／山海関に進出／上海事変／井上準之助、団琢磨暗殺（血盟団事件）／満洲国建国／上海事変停戦調印／五・一五事件／愛郷塾が東京の変電所を襲う／リットン調査団報告、国際連盟が日本の満洲からの撤退勧告	グルーが駐日米大使として赴任／ナチスがドイツ第一党に
	八（一九三三）		小林多喜二の死／国際連盟脱退、世界の孤児となり「栄光ある孤立」へ／関東地方防空大演習行われる／海軍	ヒトラーが首相に任命され政権を握る／スターリンが第二次五カ年計画に着手／米ルーズベルト大統領就任、

昭和			
		から良識派が去りはじめる／皇太子、のちの明仁天皇誕生	ニューディール政策に着手／ベルリンで国会議事堂炎上事件やナチスによる焚書起こる／ドイツが国際連盟脱退／アメリカが共産主義国家ソ連を正式承認
九（一九三四）	岡田啓介	林銑十郎が陸相、永田鉄山が軍務局長になり陸軍強化／溥儀、正式に満洲国皇帝となる／陸軍パンフレットが頒布される／超大戦艦建造の命令が軍令部から建艦部に出される／ワシントン軍縮条約廃棄決定	ヒトラーによる「血の粛清」、のち親衛隊を独立させナチス党内機関とする／ヒンデンブルク大統領の死によりヒトラーが「総統兼首相」に／ソ連でスターリンの恐怖政治はじまる
十（一九三五）		天皇機関説問題起きる／国体明徴声明発表／永田鉄山暗殺（相沢事件）	ヒトラー再軍備宣言、空軍創設
十一（一九三六）	広田弘毅	ロンドン軍縮条約から脱退／二・二六事件／「大日本帝国」の呼称決定／軍部大臣現役武官制復活／不穏文書臨時取締法制定／日独防共協定がベルリンで締結	ドイツ陸軍がラインラント進駐／ベルリンでオリンピック開催／スペイン戦争起こる／西安事件により中国は抗日民族統一戦線へ
十二（一九三七）	林銑十郎 近衛文麿	盧溝橋事件をきっかけに、第二次上海事変、日中戦争はじまる／南京陥落／揚子江上で米砲艦パネー号撃沈	国民党軍が共産党軍本拠地の延安で民衆大会開催、国共合作協定／米ルーズベルト大統領がナチス・ドイツと日本に対する「隔離演説」
十三（一九三八）		トラウトマンの和平工作打ち切り／「国民政府を対手にせず」の近衛首相声明／国家総動員法成立／ヒトラ	ドイツでウランの核分裂実験成功／ドイツが満洲国を国家として承認／ドイツ、オーストリアを併合／ソ連

年	内閣	日本	世界
		ー・ユーゲント使節団が訪日／漢口陥落で旗行列、提灯行列が続く／大本営設置「東亜新秩序声明」発表	国境で張鼓峰事件／ミュンヘン会談
十四（一九三九）	平沼騏一郎 阿部信行	三国同盟締結をめぐり五相会議が盛んに開かれる／零戦が誕生／国民精神総動員委員会が設置され「生活刷新」を推進／満蒙開拓青少年義勇軍計画の発表／「青少年学徒に賜わりたる勅語」発表／ノモンハン事件／アメリカが日米通商航海条約廃棄を通告する／天津事件で日本は英仏租界を隔離、反英運動盛んに／山本五十六が連合艦隊司令長官に赴任、海軍中央を去る／「創氏改名」（朝鮮戸籍令改正）	ドイツがプラハ進駐、不可侵条約廃棄をポーランドに通告／アメリカでニューヨーク万博開催／ヒトラーがムッソリーニと軍事同盟の「鋼鉄協定」締結／スターリンがヒトラー宛ての手紙で独ソ不可侵条約を承諾、調印／アインシュタインが原爆製造に関してルーズベルトに手紙を送る／ドイツがポーランド侵攻、第二次世界大戦起こる／西部戦線で英仏とドイツの「まやかしの戦争」続く／フィンランドに侵攻したソ連軍は「冬戦争」で大苦戦
十五（一九四〇）	米内光政 近衛文麿（第二次）	陸軍中央部で南進論が盛んに／奢侈品等製造販売制限の七・七禁令発布／「バスに乗り遅れるな」「産めよ殖やせよ」と叫ばれる／ヒトラー特使シュターマー来日、松岡洋右らと会談／日本軍が北部仏印に武力進駐／アメリカが屑鉄の日本輸出禁止／日独伊三国同盟調印／ダンスホール閉鎖／皇紀二千六百年の大式	ドイツからの攻撃でノルウェー降伏／「黄色作戦」によりオランダ降伏、さらにブリュッセル陥落、またダンケルクの奇蹟で英軍がヨーロッパより撤退／パリ無血占領／イギリスは首相となったチャーチルのもと、ドイツからの本土防衛成功／アメリカが中国に五千万ドルの追加借款供与／ドイツ外相がベルリンでソ連外

昭和	内閣	日本	世界
十六（一九四一）	近衛文麿（第三次） 東条英機	典／ウォルシュ司教、ドラウト神父「日米国交打開策」を携え来日／海軍出師準備実施／大政翼賛会本部を東京會舘に設置／海軍国防政策委員会設置／洋紙配給統制規則公布 「戦陣訓」を全軍に発令／「大本営陸軍部会議」で大東亜長期戦争指導要綱採択／野村吉三郎大使がアメリカ赴任、「日米諒解案」作成／松岡外相訪欧、ヒトラーと会談、モスクワでスターリンと日ソ中立条約調印／アメリカが「日米諒解案」第一次、第二次修正案提示／第一回御前会議開かれる／アメリカが在米日本資産凍結／日本軍が南部仏印進駐／アメリカが対日石油輸出全面禁止を通告／第二回御前会議開かれる／関東軍特種大演習で満洲に兵力を集中／第三回御前会議で対米開戦決意／アメリカが甲乙案拒否、「ハル・ノート」届く／第四回御前会議開かれる／「ニイタカヤマノボレ」の開戦命令／マレー半島敵前上陸、真珠湾攻撃、太平洋戦争開戦／マレー沖海戦、イギリス東洋艦隊撃滅、香港攻略／	相と会談／ヒトラーがバルバロッサ作戦発令 ルーズベルトが「四つの自由」を国民に訴える／ドイツがユーゴスラヴィアとギリシャに侵攻、両国はまもなく降伏／ヒトラーがスターリンに書簡を送る?／ドイツがソ連に侵攻／イギリスがソ連との軍事協定調印／ルーズベルトとチャーチルが大西洋憲章発表／ヒトラーが「ユダヤ人迫害強化」を承認／ジューコフがレニングラード守備軍司令官に／ルーズベルトとスターリンが書簡往復／ヒトラーがタイフーン作戦開始／重慶の蒋介石にアメリカから電報届く／ソ連軍の大反撃でドイツ苦境に陥り総退却へ

昭和			
		超大戦艦大和竣工	
十七(一九四二)		マニラ占領、シンガポール攻略/アメリカによる東京初空襲/日本文学報国会結成/ミッドウェー海戦で大敗	
十八(一九四三)		ガダルカナル島奪取される/「撃ちてし止まむ」の決戦標語できる/山本五十六戦死/アッツ島玉砕/学徒出陣はじまる	ルーズベルトとチャーチルがカサブランカで会談/イタリア無条件降伏/カイロ会談
十九(一九四四)	小磯国昭	インパール作戦惨敗/サイパン島陥落/学童疎開はじまる/神風特別攻撃隊初出撃/連合艦隊フィリピン沖でほぼ全滅	ノルマンディー上陸作戦開始
二十(一九四五)	鈴木貫太郎 東久邇宮稔彦王	「本土決戦完遂基本要綱」決定/硫黄島での敗退/東京大空襲で下町が大被害/九州坊ノ岬沖で大和隊が壊滅/日ソ中立条約廃棄の通告/天皇倒れる/沖縄壊滅/義勇兵役法が議会通過、竹槍訓練盛んに/ソ連に和平交渉の仲介を願い出る/ポツダム宣言が日本に届く/広島・長崎に原爆投下/ソ連が満洲に侵攻/御前会議開かれポツダム宣言を受諾、終戦の詔書/マッカーサー来日、ミズーリ艦上での降伏文書調印	ヤルタ会談/ルーズベルト死去/ムッソリーニ銃殺。ヒトラー自殺、ドイツ降伏

参考文献

（日本）
宮内庁編『昭和天皇実録』全十八巻＋人名索引・年譜一冊（東京書籍・二〇一五〜二〇一九）
大本営陸軍部戦争指導班『機密戦争日誌 上下』（錦正社・一九九八）
日置英剛編『新国史大年表』第八巻（国書刊行会・二〇一二）
日本国際政治学会太平洋戦争原因研究部編著『太平洋戦争への道』（朝日新聞社・一九六二〜六三）

阿部良男『ヒトラー全記録——20645日の軌跡』（柏書房・二〇〇一）
池田浩士『ファシズムと文学——ヒトラーを支えた作家たち』（白水社・一九七八）
伊藤隆・照沼康孝編、畑俊六著『続・現代史資料』4（みすず書房・一九八三）
大木毅『ドイツ軍事史——その虚像と実像』（作品社・二〇一六）
勝田龍夫『重臣たちの昭和史 上下』（文藝春秋・一九八一）
永井荷風『断腸亭日乗』全七巻（岩波書店・新版二〇〇一〜〇二）
秦郁彦『太平洋国際関係史——日米および日露危機の系譜 1900–1935』（福村出版・一九七二）
三宅正樹『スターリン、ヒトラーと日ソ独伊連合構想』（朝日新聞社・二〇〇七）
渡辺延志『虚妄の三国同盟——発掘・日米開戦前夜外交秘史』（岩波書店・二〇一三）

（海外・五十音順）
アゴスティ（アルド）『評伝スターリン』坂井信義訳（大月書店・一九八五）
エーベルレ（ヘンリク）・ウール（マティアス）編『ヒトラー・コード』高木玲訳（講談社・二〇〇六）
カーショー（イアン）『ヒトラー（下）1936–1945 天罰』石田勇治監修・福永美和子訳（白水社・二〇一六）
ガンサー（ジョン）『回想のルーズベルト 上下』清水俊二訳（六興出版社・一九五〇）

グデーリアン（ハインツ）『戦車に注目せよ――グデーリアン著作集』大木毅編訳（作品社・二〇一六）
グルー（ジョセフ・C）『滞日十年』石川欣一訳（毎日新聞社・一九四八）
シャーウッド（ロバート）『ルーズヴェルトとホプキンズ』村上光彦訳（みすず書房・一九五七）
シャイラー（ウィリアム・L）『第三帝国の興亡』全五巻・井上勇訳（東京創元社・一九六一）
シャイラー（ウイリアム）『ベルリン日記 1934–1940』大久保和郎・大島かおり訳（筑摩書房・一九七七）
ジューコフ（ゲ・カ）『ジューコフ元帥回想録――革命・大戦・平和』清川勇吉・相場正三久・大沢正訳（朝日新聞社・一九七〇）
ジョンジュ（アレクス・ド）『スターリン』中澤孝之訳（心交社・一九八九）
ジョンソン（ポール）『現代史 上』別宮貞徳訳（共同通信社・一九九二）
ストロング（アンナ・ルイス）『スターリン時代』大窪愿二訳（みすず書房・一九五七）
スナイダー（ティモシー）『ブラッドランド（上）――ヒトラーとスターリン 大虐殺の真実』布施由紀子訳（筑摩書房・二〇一五）
スラヴィンスキー（ボリス）『考証 日ソ中立条約――公開されたロシア外務省機密文書』高橋実・江沢和弘訳（岩波書店・一九九六）
ソ同盟外務省編『第二次世界大戦中の米英ソ秘密外交書簡 下巻 米ソ篇』川内唯彦・松本滋訳（大月書店・一九五七）
ゾンマー（テオ）『ナチスドイツと軍国日本――防共協定から三国同盟まで』金森誠也訳（時事通信社・一九六四）
ダーリン（デイビッド・J）『ソ連と極東 上下』直井武夫訳（法政大学出版局・一九五〇）
チャーチル（ウインストン）『第二次大戦回顧録』毎日新聞翻訳委員会訳（毎日新聞社・一九四九）
チャーチル（ウインストン）『血と涙と』中野忠夫訳（新潮社・一九五八）
ドイッチャー（アイザック）『スターリン ⅠⅡ』上原和夫訳（みすず書房・一九六三）
トルストイ（ニコライ）『スターリン――その謀略の内幕』新井康三郎訳（読売新聞社・一九八四）
バトラー（スーザン）『ローズヴェルトとスターリン 上――テヘラン・ヤルタ会談と戦後構想』松本幸重訳（白水社・二〇一七）
ハル（コーデル）『回想録』朝日新聞社訳（朝日新聞社・一九四九）

ビーヴァー（アントニー）『第二次世界大戦 1939-45 上』平賀秀明訳（白水社・二〇一五）
ファイス（ハーバート）『第二次世界大戦 真珠湾への道』大窪愿二訳（みすず書房・一九五六）
フェスト（ヨアヒム）『ヒトラー 上下』赤羽龍夫・関楠生・永井清彦・佐瀬昌盛訳（河出書房新社・一九七五）
ホーファー（ワルター）『ナチス・ドキュメント――1933-1945年』救仁郷繁訳（論争社・一九六〇）
ワース（アレグザンダー）『戦うソヴェト・ロシア〈第1〉』中島博・壁勝弘訳（みすず書房・一九六七）

秘密警察 ひみつけいさつ　239, 266　⇒ゲシュタポ
不可侵条約の廃棄 ふかしんじょうやくのはいき　16
冬戦争 ふゆせんそう　64-66, 257
プラハに堂々と進駐（プラハ占領） プラハにどうどうとしんちゅう（プラハせんりょう）　15-16, 254
兵役法 へいえきほう　198
北部に武力進駐（北部仏印進駐） ほくぶにぶりょくしんちゅう（ほくぶふついんしんちゅう）　115
ポツダム宣言 ポツダムせんげん　235
ポーランド侵攻（侵略） ポーランドしんこう（しんりゃく）　8, 17, 27, 36-37, 52-53, 254, 257

ま行

マイン・カンプ　⇒**わが闘争** わがとうそう
まやかしの戦争 まやかしのせんそう　61, 63, 73, 257
満洲事変 まんしゅうじへん　206, 211
ミュンヘン一揆 ミュンヘンいっき　65
ミュンヘン協定 ミュンヘンきょうてい　13, 254
モスクワ会議 モスクワかいぎ　174, 188

や行

ヤルタ会談 ヤルタかいだん　234, 236
ヤルタ協定 ヤルタきょうてい　230, 232
ユダヤ人虐殺 ユダヤじんぎゃくさつ　248-249, 269

わ行

わが闘争 わがとうそう　82, 86

た行

第一次世界大戦 だいいちじせかいたいせん 21, 41, 46, 60, 73, 161, 256
大西洋憲章 たいせいようけんしょう 174–175, 213, 262
大政翼賛会 たいせいよくさんかい 135
第二次世界大戦 だいにじせかいたいせん 26, 49, 51–53, 62, 87, 237, 248, 253, 257, 267
タイフーン作戦 タイフーンさくせん 188
太平洋戦争 たいへいようせんそう 47, 96, 140, 177, 194, 199, 225, 260
大本営政府連絡会議 だいほんえいせいふれんらくかいぎ 144, 146, 161, 176, 180, 198, 217
天津事件 てんしんじけん 19, 51, 69
天皇放送 てんのうほうそう 225
東亜新秩序 とうあしんちつじょ 7, 29, 81–82, 90, 92, 134, 201, 259
東京裁判 とうきょうさいばん 80, 106, 108, 150
東京大空襲 とうきょうだいくうしゅう 236
独ソ不可侵条約 どくソふかしんじょうやく 35, 37–42, 44, 55, 76, 255
隣組 となりぐみ 48, 198

な行

南部仏印進駐 なんぶふついんしんちゅう 168–169, 171, 180, 263
二・二六事件 にいにいろくじけん 79
日独伊三国同盟 にちどくいさんごくどうめい 7, 9, 11, 18–19, 22–23, 37–38, 41, 51, 92, 95–97, 99, 103–112, 115–116, 118–121, 127, 130, 132, 134, 138, 140, 143, 145–146, 152, 159–160, 162–163, 167–168, 170, 206, 210, 227, 253, 259–260, 262
日独軍事同盟 にちどくぐんじどうめい 7, 80, 99
日米交渉 にちべいこうしょう 136, 138, 144–145, 157, 162, 175–176, 182, 220
日米通商航海条約 にちべいつうしょうこうかいじょうやく 29–30, 51, 69, 256
日米諒解案 にちべいりょうかいあん 158–163, 176, 261–262
日露戦争 にちろせんそう 154–155, 227, 231, 265
日支事変 にっしじへん 98, 108, 116
日ソ中立条約 にっソちゅうりつじょうやく 137, 154–157, 159–160, 163, 226–227, 230–232, 235–236, 261–262, 265–266
日中戦争 にっちゅうせんそう 7, 11, 29, 31, 51, 53, 112, 119, 220, 253, 258
⇒支那事変 しなじへん
ニューヨーク万国博覧会 ニューヨークばんこくはくらんかい 21, 256
ノモンハン事件 ノモンハンじけん 24, 26, 51, 61, 166, 254
ノルマンディー上陸作戦 ノルマンディーじょうりくさくせん 228

は行

バトル・オブ・ブリテン(英本土防衛戦)(えいほんどぼうえいせん) 87–88, 258
パリを無血占領(パリ陥落) パリをむけつせんりょう(パリかんらく) 73–74, 258
ハル・ノート 205–207, 217, 264
バルバロッサ作戦 バルバロッサさくせん 66, 134, 136, 163–164

207, 230, 234, 258

ら行

リッベントロップ，ヨアヒム・フォン　9-10, 17-18, 32-35, 37, 41, 43, 48, 59, 61, 90, 103, 105, 107, 111, 127-129, 132-134, 145, 147, 149, 203, 222
リンドバーグ，チャールズ　114
ルーズベルト，フランクリン　20, 33, 49-50, 86, 113-115, 117, 138-139, 141-142, 147, 158-159, 169, 172-176, 187-188, 198, 202, 208-209, 213, 230-231, 260, 262, 264
ルントシュテット，ゲルト・フォン　46, 83
レーダー，エーリヒ　84, 134
レーニン，ウラジーミル　205
ロンメル，エルヴィン　62

わ行

ワイツゼッカー，リヒャルト・フォン　241, 267
若槻礼次郎 わかつきれいじろう　207
若山牧水 わかやまぼくすい　148
渡辺惣樹 わたなべそうき　21-22
渡辺延志 わたなべのぶゆき　103, 106-108

事項索引（じこうさくいん）

あ行

ABCD包囲網 エービーシーディーほういもう　178, 191

か行

隔離演説 かくりえんぜつ　20-21
カサブランカ会談 カサブランカかいだん　228
軍部大臣現役武官制 ぐんぶだいじんげんえきぶかんせい　80
ゲシュタポ　47, 239-240　⇒秘密警察 ひみつけいさつ
原爆投下 げんばくとうか　225-226, 236
鋼鉄協定 こうてつきょうてい　24
五カ年計画 ごかねんけいかく　13
国際連盟(国連) こくさいれんめい(こくれん)　39, 64, 94
国民精神総動員 こくみんせいしんそうどういん　52
五相会議 ごしょうかいぎ　9-10, 19, 22-23, 38
御前会議 ごぜんかいぎ　105, 168-169, 171, 176, 181-182, 189-192, 199, 207, 211-212, 217-218

さ行

最高戦争指導会議 さいこうせんそうしどうかいぎ　230, 234
支那事変 しなじへん　30, 51, 69-70, 158, 212　⇒日中戦争 にっちゅうせんそう
十月革命 じゅうがつかくめい　204
親衛隊(ＳＳ) しんえいたい(エスエス)　45, 72, 239-242, 266
真珠湾攻撃 しんじゅわんこうげき　194-195, 213, 222, 227, 265
戦陣訓 せんじんくん　142, 260

ビスマルク，オットー・フォン　67
ヒトラー，アドルフ　11, 14-20, 24, 27, 32-43, 45-48, 50, 60-63, 65-67, 72-73, 76, 80-82, 84-90, 92, 95-96, 98, 101, 103, 105, 107-108, 111-113, 119, 121, 128-134, 136-137, 142, 145-146, 148-153, 160, 163-167, 173-175, 184, 186-189, 196, 203, 205, 208, 213, 215, 220, 237, 240, 242-244, 247, 252-259, 261-262, 266-268
ヒムラー，ハインリヒ　72, 240
平井友義 ひらいともよし　36
平沼騏一郎 ひらぬまきいちろう　7, 9, 19, 23, 39-40, 44-45, 51, 253, 256
広田弘毅 ひろたこうき　79, 207, 235
フェスト，ヨアヒム　81
福留繁 ふくとめしげる　183-184
伏見宮軍令部総長（博恭） ふしみのみやぐんれいぶそうちょう（ひろやす）　105, 170, 190
淵田美津雄 ふちだみつお　218-219
フーバー，ジョン・エドガー　113
フライシュハウアー，インゲボルグ　66
ブラウヒッチュ，ヴァルター・フォン　84, 134
フリードリヒ一世　134
フルシチョフ，ニキータ　65
ブルメントリット，ギュンター　83
ブロック，マルク　74
ヘス，ルドルフ　72
ヘプナー，エーリヒ　188
ヘンダーソン，ネヴィル　38
細川護貞 ほそかわもりさだ　235
ボック，フェードア・フォン　46, 188
ホート，ヘルマン　188
ホプキンス，ハリー　173
ボルマン，マルチン　186

ま行

前田虎雄 まえだとらお　121
牧野伸顕 まきののぶあき　121
マーシャル，ジョージ　208
松井石根 まついいわね　69
松岡洋右 まつおかようすけ　69, 90, 95-101, 104-108, 112, 119, 138, 145-158, 160-163, 168-169, 176, 261
マッカーサー，ダグラス　208
松谷誠 まつたにせい　229-230, 235
松本重治 まつもとしげはる　235
松本俊一 まつもとしゅんいち　235
マリク，ヤコフ　235
マンシュタイン，エーリッヒ・フォン　120-121
宮川舩夫 みやがわふなお　235
三宅正樹 みやけまさき　61, 66, 132
ムッソリーニ，ベニート　8, 24, 111, 160, 247, 269
武藤章 むとうあきら　91, 138, 160
モルトケ，ヘルムート・フォン　67
モロトフ，ヴャチェスラフ　127-129, 131-134, 153-156, 196

や行

山本五十六 やまもといそろく　10-11, 22-23, 77, 119, 172, 193-195, 201, 212, 264
山本祐二 やまもとゆうじ　92
横井忠雄 よこいただお　92
吉川英治 よしかわえいじ　54
ヨードル，アルフレート　163
米内光政 よないみつまさ　9-11, 19, 22, 68, 70-71, 79-80, 121, 146, 162, 199,

スティムソン，ヘンリー　173, 207
スラヴィンスキー，ボリス　137
瀬島龍三 せじまりゅうぞう　232-233, 265-266
ゼロー，レナード　207
宋子文 そうしぶん　210
ゾルゲ，リヒャルト　220
ゾンマー，テオ　39-40

た行

高木惣吉 たかぎそうきち　39, 235
高橋照次 たかはししょうじ　233
高松宮宣仁 たかまつのみやのぶひと　125-126
竹田宮(恒徳) たけだのみや(つねよし)　233
建川美次 たてかわよしつぐ　155, 196
田中新一 たなかしんいち　91, 142-143
谷正之 たにまさゆき　220
谷村鯛夢 たにむらたいむ　245
ダラディエ，エドゥアール　50
チェンバレン，ネヴィル　16, 18, 42, 49-50, 60, 74
秩父宮(雍仁) ちちぶのみや(やすひと)　125
チモシェンコ，セミョーン　72
チャーチル，ウィンストン　49, 60, 74-76, 81, 87-89, 172, 174-175, 187, 213, 220, 230-231, 248, 258-259, 262
辻政信 つじまさのぶ　14
寺内寿一 てらうちひさいち　201, 206
寺崎太郎 てらさきたろう　138
寺田雅雄 てらだまさお　14
ドイッチャー，アイザック　34, 237
東郷茂徳 とうごうしげのり　90-91, 234
東条英機 とうじょうひでき　91, 98, 142-143, 160, 192, 198-200, 203-204, 228-230, 260, 263
徳川夢聲 とくがわむせい　54, 140
富田健治 とみたけんじ　160, 192
豊田貞次郎 とよだていじろう　91, 96, 99-102
ドラウト，ジェームズ　138, 158, 220
トルストイ，レフ　214

な行

永井荷風 ながいかふう　43, 54, 118, 135, 140
永野修身 ながのおさみ　170, 182, 184, 195, 201
南雲忠一 なぐもちゅういち　206, 211
南原繁 なんばらしげる　51
ニコルソン，ハロルド　149
野上弥生子 のがみやえこ　118
野田謙吾 のだけんご　91
ノックス，フランク　207-208
野村吉三郎 のむらきちさぶろう　138, 144-145, 158-159, 161-162, 200-201, 204, 207, 219-220, 261

は行

ハイドリヒ，ラインハルト　186
畑俊六 はたしゅんろく　30-31, 44, 79-80
服部卓四郎 はっとりたくしろう　14
ハート，トーマス　209
バトラー，スーザン　166, 173, 213
原田熊雄 はらだくまお　119
ハリファックス(伯爵，エドワード・ウッド)　81
ハル，コーデル　29, 75, 112-115, 136, 158, 161-162, 169, 200-202, 204, 207, 220
ハルダー，フランツ　46, 84, 134, 188
ビーヴァー，アントニー　26-27, 62

河辺虎四郎 かわべとらしろう 226
河村参郎 かわむらさぶろう 91
閑院宮参謀総長(載仁) かんいんのみやさんぼうそうちょう(ことひと) 105
カンタリア，メリトン 238
木戸幸一 きどこういち 97, 163, 169, 176–177, 190–192, 212, 230, 233
木下杢太郎 きのしたもくたろう 43
キング，ウィリアム・ライアン・マッケンジー 86
キンメル，ハズバンド 209
グデーリアン，ハインツ 188, 197–198, 214–215
グライフェンベルク，ハンス・フォン 197
グルー，ジョセフ・クラーク 69, 116, 144, 204
来栖三郎 くるすさぶろう 90
ケストナー，エーリッヒ 42
ゲッペルス(ゲッベルス)，ヨーゼフ 175, 239
ケネディ，ジョセフ・パトリック 76
ゲーリング，ヘルマン 8, 46, 66, 81, 86, 88–89, 121, 130, 134
小磯国昭 こいそくにあき 229–230
小島威彦 こじまたけひこ 92
コーニェフ，イワン 187
近衛文麿 このえふみまろ 7, 10, 69, 80–82, 90–91, 98, 100, 104, 112, 119, 125, 141, 156, 158–161, 175–176, 181, 191–192, 196, 207, 230, 235, 253, 262–263
小林良作 こばやしりょうさく 245
近藤信竹 こんどうのぶたけ 92, 99–100

さ行

西園寺公望 さいおんじきんもち 125, 134
斎藤隆夫 さいとうたかお 70–71, 258
斎藤茂吉 さいとうもきち 43
迫水久常 さこみずひさつね 233–234, 266
柴勝男 しばかつお 92
司馬遼太郎 しばりょうたろう 53
島田俊雄 しまだとしお 203
島貫武治 しまぬきたけはる 14
シャイラー，ウィリアム・L 82–83, 110–112
ジューコフ，ゲオルギー 25–28, 36, 50, 166, 185–186, 209–210, 214, 255
シュターマー，ハインリヒ 90–91, 95, 97–98, 103–106, 109
シュペール，アルベルト 73
蒋介石 しょうかいせき 8, 25–26, 29, 115, 206, 210–211, 217, 254
昭和天皇 しょうわてんのう 30, 44, 53, 97, 103–104, 146, 163, 168, 183, 190, 199, 207, 211
ショート，ウォルター 208
ジョンソン，ポール 73
白鳥敏夫 しらとりとしお 92, 109, 220
新名丈夫 しんみょうたけお 96
神武天皇 じんむてんのう 70
末次信正 すえつぐのぶまさ 69, 92
杉山元 すぎやまはじめ 81, 171, 182, 201
鈴木貫太郎 すずきかんたろう 226, 233–235
スターク，ハロルド 208–210
スターリン，ヨシフ 13–14, 17–18, 20, 25–28, 33–37, 41–42, 50, 59, 61–64, 67, 72, 76, 90, 127–128, 130, 132, 136, 153–157, 160, 164–167, 172–175, 185, 187–188, 205, 209, 213–215, 220–222, 226–227, 230–231, 235, 252–256, 261–262, 265

半藤先生の「昭和史」で学ぶ非戦と平和

世界史のなかの日本 1926~1945〔下〕 索引

・本文、解説にあらわれた主な人名と事項名を五十音順に並べました。
・人名は原則として姓、名の順に表記しています。
・同一の人物に複数の表記がある場合、同一の事項で異なる表記がある場合は
「⇒」で参照しました。
・項目の直後の(　)は、その語の補足説明です。

人名索引

あ行

アイゼンハワー，ドワイト　185
アインシュタイン，アルベルト　33
麻田雅文 あさだまさふみ　25
阿南惟幾 あなみこれちか　234
阿部勝雄 あべかつお　99-100
阿部信行 あべのぶゆき　51-52, 68, 219
嵐山光三郎 あらしやまこうざぶろう　148
有田八郎 ありたはちろう　19, 68
井川忠雄 いかわただお　220
池田成彬 いけだしげあき　121
諫見勝則 いさみかつのり　245
石川信吾 いしかわしんご　92
石橋湛山 いしばしたんざん　44-45, 257
板垣征四郎 いたがきせいしろう　19
板谷茂 いたやしげる　218
イーデン，アンソニー　33
稲葉正夫 いなばまさお　82-83
井上成美 いのうえしげよし　10, 22
岩畔豪雄 いわくろひでお　91, 220
ヴァイトリング，ヘルムート　242
ヴェンク，ヴァルター　242
ウォルシュ，ジェームズ　138, 158, 220
ヴォロシーロフ，クリメント　64, 72, 185
宇垣一成 うがきかずしげ　68
宇垣纏 うがきまとめ　99-100
ウッズ，サム　113
梅津美治郎 うめづよしじろう　234
エゴーロフ，ミハイル　238
エレンブルグ，イリヤ　43
及川古志郎 おいかわこしろう　91, 99-100, 102, 192, 234
汪兆銘(汪精衛) おうちょうめい(おうせいえい)　19, 30, 206
大木毅 おおきたけし　47, 164-165, 202
大島浩 おおしまひろし　19, 37-38, 44, 92, 149
岡敬純 おかたかずみ　101-102, 160
岡田啓介 おかだけいすけ　119, 121, 206, 230, 233-234, 266
岡本清福 おかもときよとみ　91
小川郷太郎 おがわごうたろう　203
オットー，オイゲン　79, 95, 97, 103, 105-108, 147

か行

カイテル，ヴィルヘルム　134, 242
影山正治 かげやままさはる　121
カーショー，イアン　45
加瀬俊一 かせとしかず　235
神重徳 かみしげのり　92